JN058286

海恋紀行
目次

I 海辺にて

II　島にわたる

III 海とくらす

I　海辺にて

竹富島でもずくとり

海が恋しい。いま北は岩手の宮古、釜石から南は沖縄・竹富島まで通っている。三、四月の大潮には竹富でもずくをとりに海に入る。本当はおじい、おばあの話を聞きにいっているのだが、午後の一時、引き潮の時間になるとおたがい、うずうずしてくる。そろそろ行くか、と松竹荘のおじいが言う。昇助さんは昭和五年生まれ、農業、漁業、大工仕事、手工芸何でもござれ。はい、と答えてこちらも完全防備。帽子、長袖、首には手ぬぐい、ズボン、長靴、これで海に入る。最初水にぬれる時が気持ち悪いがなれてしまう。

珊瑚礁が露出し、遠浅になった海をどんどん沖まで行く。おじいの足は速い。網を腰につけ、発泡スチロールの船を引いている。膝くらいの深さの海で、ゆらゆら揺れるもずくを手のひらでつかむ。ふわっと根からはなれる。海藻はいろいろあるが、もずくは黒緑で、ひときわ色が濃い。だれかは「陰毛のよう」だと言った。海水の中で振って石や草をはじく。これをちゃんとしないと後の始末が大変だ。

夢中でとって網に入れる。腰が痛い。もずくを浜に引上げる時がたいへん。水があれば浮力で浮くが、最後は濡れた網をかついで岩礁を歩かなければならぬ。軽トラの荷台で運び、民宿の庭でバケツにあけて、さらに石や草を取り除く。塩を打つ。これで一年は冷蔵庫でもつ。おじいは民宿の常連さんにもずくを送って喜ばれている。私は東京の家に帰ると塩を抜き、冷やしてだしつゆとポン酢で食べる。夏の暑い時はじつにうまい。そのほか、もずくのみそ汁、もずくの卵焼き、もずくの天ぷら、もずくのおかゆ……

ぬるい湯のようなコンドイ浜より、流れの速いアイヤル浜のもずくがうまい、と聞いて行ってみた。たしかに浜に近いところでとれる。しかし大潮を過ぎるとあっという間に水が上がり、私は溺れかけた。「危うく海のもずくになるところだった」と息をつくと、「海の藻くず」でしょ、と誰かが笑った。そのもずくも業者が来てバキュームで吸って土産物に加工したりしているそうな。せちがらい世の中になった。

海の見える家から

小さいときから夏になると房総岩井の民宿に連れて行ってもらった。漁師の家の離れを一週間くらい借りて、朝はさわやかな早朝の地引き網を手伝い、トコブシの煮物やアジの干物を食べた。そのおいしそうな匂いは忘れられない。それから浮き輪を持って海岸へいき一日中、砂に埋もれたり、泳いだり、波乗りしたり、夢のような日々を過ごした。

海恋がつのって、いつか海の見える家に住みたいと思った。たまたま外房の海を見晴らす丘の上に画家のご夫婦が小さな家を持っていた。東孝光（あずまたかみつ）という有名な建築家の建てたコンクリート打ちはなしだが、窓やベランダから海が一望だ。画家のご夫婦はもう年だからここまで上がってくるのがつらい、誰かこの家を大事にしてくれる人にあとを託したい、といった。それで私がその家の世話をすることになった。

しかし田舎に家を持ってこんなに大変だとは。これで一冊書けるくらいだ。ちょっと行かないと、庭は雑草でぼうぼうである。目の前の竹はどんどん伸びる。浄化槽もついていないことがわかった。ベランダの木は腐って壊れた。それらの修繕や設備の新設にどれだけお金がかかったことか。何度も手放すことを考えた。

それでも刻々と色を変える海を眺めながら、本を読んだり、ワインを飲んだりは楽しい。駅近い魚屋で刺身や地だこを買って山に上がる。

薪ストーブを燃やす楽しみもある。できるだけたくさんの友人にこの家を使ってほしい。この前は編集者が五人来て、昼の二時から夜の九時までベランダで宴会をしていった。

別荘地ではないので、周りの住人には、かつての海女(あま)さんもいる。腰巻きをして海に潜ってアワビやウニを捕っていた方々だ。そこが好き。二〇一一年の大地震。そのとき、地域の人々はみんな一番高いうちの庭に避難したという。天明の地震のあと、集落は上に上がっていたので今回も被害がなくてすんだ。しかしその後の福島の原発事故、その汚染水の太平洋への広がりを考えると、前のように手放しで「おいしい」といえないない自分がいる。失ったきれいな海を思うと怒りを禁じえない。

のさり、ということば

水俣・岐阜展にいった。東京の水俣フォーラムが持つ資料を用い、岐阜市民たちが主体となって開いたものだ。そこに呼ばれて話すことになったとき、自分と水俣のそう濃くもないつながりを思い起こした。最初は友人の佐藤真（まこと）が学生時代、「森さん、ぼくはきょうから水俣へ行く。当分会えないね」といったこと。彼はのちに新潟水俣病を取材に傑作『阿賀に生きる』を撮ることになる。それからゆふいん文化記録映画祭で、土本典昭（つちもとのりあき）監督の『水俣――患者さんとその世界』『不知火海』『海とお月さまたち』などを見たし、そこで患者の杉本栄子さんや緒方正人さんとも出会った。

二〇一一年三月十一日のあと、私は九州を取材しながら放浪していた。実は福島の原発事故が怖くて東京に帰れなかったのである。そのとき初めて水俣に行った。水俣湾は広々していた。そしてチッソの排水溝のところに、「一度汚染された環境はいかに莫大な費用と労力をかけても元に戻すことはできません」という碑がたててあった。私は遠い東京電力福島第一原発を思ってへなへなとうずくまった。大地にひれ伏し「誰に、何にお詫びすればいいんでしょう」と泣きたくなった。

それから、かつて由布院で一緒にお風呂に入った杉本栄子さん（二〇〇八年没）の家を訪れたが、家の方は留守だった。栄子さんは茂道という集落の網元に生まれ、お母さんは一九五九年、その集落で初めて入院した。最初は奇病と言われ、「親戚の恥だ、村を出て行け」とまでいわれたという。

今回、岐阜へいく前に名古屋へ寄ると、荒浜にも深い関わりを持つ延藤安弘さんは一九九五年、「地元学」の吉本哲郎さんの家で、杉本栄子さんと会った話をしてくれた。延藤さんはそのとき、頸椎ヘルニアの手術をするかどうか悩み、東洋医学を選択して、ご馳走に出された肉を食べなかったので、杉本さんが訳を聞いたのである。

話を聞いて「それはのさりですね」と杉本さんはいった。「のさり」は熊本弁で「恵み」「授かり」のことだが「思いがけない贈り物」「宿命的に与えられたもの」も指すのであろう。杉本さんは「水俣病は私にとってのさりです」といったそうだ。村八分になり、舟を出して夫婦で海に身を投げようと思ったこともあった。そのとき舟の底を魚がとんとんと叩いた。私を捕って食べてください、といっているようだった、と。

「命に対するこのような慈しみの心を持つことができたのは水俣病のおかげです」

今、私は自分の体に小さなガンが見つかったので、これを「のさり」にできるかどうか、思案のしどころである。

舳倉（へぐら）島の海女さん

能登半島は日本でも好きなところだ。能登空港に降り立って各方面行き小型バスに乗って七尾までいく間の海の景色のすばらしさ。都市と隔てられた半島や島には古い建物や習俗が残りやすい。輪島を歩いた時、海士（あま）町という場所があった。これは半島の沖にある舳倉島から来た海の人々が住んでいるところだと聞いた。輪島の朝市に店を出すおばちゃんのなかにも少なからず元海女さんがいると聞いた。

先日、京都を歩いていると国際写真展をやっていて、古い民家の入り口が真っ青だった。何だろう、と好奇心で中に入ると、フォスコ・マライーニという人類学者が一九五四年に撮った舳倉島の海女の写真である。惜しげもなく豊かな胸を陽にさらし、腰当てに梃（てこ）のような金属をはさみ、海に飛び込む。その姿の美しさ、まるで魚みたいだ。作者も「彼女たちの優しくて強い体は、水の中をすべっていく」と書いているように。そしてアワビやサザエを岩からこじり取り、ひとつずつ船にあげる。

　酸素ボンベもないのだもの、いくつも取るほど息は続かない。伊勢や房総にもかつて海女さんはいて、たいへんだが高収入だったと聞いた。なんで男が潜らない。男は船頭だ。フォスコさんは舳倉島で自分も裸になって海と戯れた。

　実は大正のアナキストたちを調べている時、牧野四子吉（よねきち）・文子（ふみこ）という画家夫妻が戦前京都でマライーニ一家と親しかったと知った。「フォスコはまだ元気だから会いに行ったら」と牧野の甥御さんに勧められたのに、旅費も時間も工面できなかった。フォスコさんは戦争中、京都大学でイタリア語を教えていたが、枢軸国側への忠誠を拒否したため、家族で名古屋の収容所に入れられたという。二〇〇四年に亡くなられ、会えずにおわった。

　フォスコさんの写した健やかな海女と対照的な、「海女のリャンさん」（二〇〇四）というドキュメンタリーを想起した。これも忘れられない。舳倉島はじめ日本海沿岸の島々には韓国の済州島から海女も潜りにきていた。一九六六年の長い髪を束ね、ほっそりした海女の貴重なフィルム、それを撮った研究者から託されて、若い原村政樹（はらむらまさき）監督はその女性を訪ねて行く。大阪で短い髪の太ったおばあちゃんになってた。聞くと娘は大阪と済州島に、息子三人は北朝鮮に離散したという。在日の「帰国政策」に従って、あえて息子たちを送り出したのである。

家族を食べさせるため海に潜って働き詰めだったリャンさん、青い海には時代に翻弄された女たちのそんな苦労やため息も涙も、溶けて染まっている。

東京湾の話

いろんな海辺がある。中でも驚いたのはアメリカはカリフォルニア州のゴールドコースト。砂浜近くまで、豪華な邸宅が何段にも並ぶ。海がよく見える物件が高いそうだ。二億円とかするそうだ。その蜃気楼の中に現れたような住宅群を見て、津波が来たらどうするんだ、とおののいた。

バンクーバーの湾もすばらしかった。都市であって、湾沿いには高級マンションが建ち並ぶ。朝、海辺を散歩すると流木で作られたベンチがいい感じ。夏だから泳いでみた。とんでもなく冷たかった。その昔、この湾で溺れかけて富豪に救われ、その夫人になった美人の話を思い出した。シルヴィアといったかな。

東京にも海がある。でもいつも忘れている。子供の頃の方が、羽田に飛行機を見に納涼を兼ねて行ったり、東京湾に小舟を出してハゼ釣りをしたり、海が近かった。

昨年正月、葛西臨海公園（一九八九年開園）というところを見に行った。二〇二〇年の東京オリンピックの都立の会場は選手村を含めて多くは臨海部に計画。カヌースラローム場がこの都営公園の中に造られることになった。

地元の自然愛好家や野鳥の会の皆さんが反対、ＩＯＣ（国際オリンピック委員会）の委員たちが視察に来た時には、地元でカードを持って出迎えた。反対する人に聞いた。

「その昔、この辺は海でのりの養殖や漁業をするところでした。そこが埋めたてになり、東西線や京葉線が出来て通勤が便利になった。私たちはここ二十年、マンションを買って引っ越して来たサラリーマンです。退職してからは、ここをフィールドに鳥や昆虫の観察、ジョギングや散歩を楽しんでいるというわけです」

公園の三分の一をつぶし、全長四百メートルのカヌースラローム場ができることになった。「そもそもカヌーは自然の川の急流でやるもので、一定の条件を作って競うために、海辺の景観をつぶし、遠くから真水を引いて来て、一秒に十三トン、九メートルの落差を人工で落とすというのですから、じつに不自然な話です。一万二千席＋三千席の観客席が出来ると海が見えなくなってしまう。オリンピック後も利用するというが、そんなに必要でしょうか？」

トラツグミ、チョウトンボ、コガネグモ、ウラギクなど絶滅危惧種二十六種も確認されている。彼らはすでに観客席はすべて仮設にさせたという。

あれから一年半が経つ。運動の結果、国会でも取り上げられ、知事はカヌー・スラローム場を別の場所に変更した。「富士山もみえる、海の風景は守られました」。野鳥の会の飯田さんから連絡をもらった時は嬉しかった。これが、私たちの新国立競技場再考の運動に弾みをつけたのは間違いない。

葛西臨海公園には東の渚、西の渚があり、野鳥の楽園となっている。私はこれを見るために、奮発してスワロフスキーの望遠鏡を買った。

タイの海辺の漁師街

タイの山の奥、少数民族ラフ族の住む村には、子どもの支援にもう何度通っただろうか。帰りにバンコク郊外のチョンブリーという海辺の町を訪ねた。友人はチョンブリーの小さな漁師街の出身だ。幹線道路から集落に入ると突然静かで、古い木造の街並みが続く。干物の店、イカの干物や乾燥エビ、アミの塩漬けを売っている。ちょっと紫のエビ発酵ペースト、ガピは炒め物やチャーハンの味付けに使う。

タイは王室不敬罪などもある国だが、社会生活は日本よりずっと自由な感じ。サバーイ（気持ち良い）アローイ（美味しい）マイペンライ（気にしない）の三語で暮らしは乗り切れる。台所のない庶民も多いそうで、ソイと言われる横丁にはたくさんの露店が並び、そこで麺や、ぶっかけご飯、おかゆなどを食べるもよし、パパイヤの辛いサラダ、ソムタムや焼き鳥でビールを飲むもよしである。こういう店はコミュニティの情報センターや集会所のようになっていて、一人来ては前にいる誰かと屈託ない笑顔で話している。

乗り物も多彩だ。日本では車か、オートバイか、自転車に限られているが、タイにはトゥクトゥクという小さな三輪タクシー、シーローという軽トラ改造、風通しよいコミュニティバスもある。一定の方向に走るのを適当に止めて適当に降りて七バーツ（二十一円）。余分に払えば、自分の行きたいところまで遠回りしてくれ、荷物も運んでくれ、高齢化社会の日本にもぜひ欲しい乗り物だ。

海の見える店で、イカの塩焼きと赤貝のボイル、アサリのバジル炒めを食べながらシンハビール。エビとカニは高くて頼めない。日本と同じだが、タマリンドの実の酸っぱいタレ、レモングラスやバジルの香りがタイらしい。

この海辺も、リタイア後を年金で安く暮らす日本人街ができたり、バンコク富裕層のコンドミニアムが建ち、とどんどん資本に開発され、かつての静かな漁師街はほとんど残っていない。「漁師たちは金を得て、土地と仕事を失う」。案内してくれた友人アピチャート氏の言葉、日本でもどこかで聞いたような。

海と軍隊

三月のタイに続いて、四月にフィリピンへ行った。「海辺でプカプカしようよ」と誘った友人は言ったが、前半は夜行バスに乗り継いで北部の山岳地帯を歩き回るという実にハードな旅でした。その他、彼にはフィリピンの国籍を取得する、という目的があった。そろそろ日本は終わり、と考える人が増えている。まわりでも、海外脱出を目論んだり、円を見限ってドルやら金やらに替える人もいる。フィリピンは割と簡単に永住ヴィザが取れる国なのだ。

ものすごく暑かった。そして交通事情が悪く、渋滞ばかり、どれほどの時間を車の中で過ごしたことか。しかし、フィリピンのいい加減さ、寛容、「人は人、俺は俺」という感じは同調圧力の強い日本より過ごしやすかった。渋滞と暑さがなければ私も住みたいなあ。

後半やっと、「海でプカプカ」が実現した。マニラを抜けて北西へ、ひなびたビーチへ向かう。途中、市場によって、魚だの、イカ、タコ、エビ、貝などを買い込み、小さなホテルに持っていくと、焼いたり、生姜と青菜を入れて塩味のスープにしたり、それで夕日を眺めてビールを飲んだ。

ところが暑くて「海でプカプカ」どころではない。朝六時くらいの海で泳ぐとまだ水はスッキリと冷たい。日が昇るともう砂浜は歩けないほど熱く、部屋でクーラーをかけて読書するしかない。夕方日が陰った頃に少し、海でプカプカしてまたビール。

そういう毎日が本当に私にとってはゆるく、癒される時間だった。もうリタイアしていい年だもの。

合間にスービックに行った。ここはアメリカ軍がいた軍港だ。日本みたいに思いやり予算は使わず、地代も入っていたのだが、フィリピンはアメリカとの契約を破棄した。アメリカ軍は出て行き、広大な敷地が残されたが、跡地は荒れ気味で、賑わってはいない。レストランに、アメリカの退役軍人がのんびりしているくらい。この土地が気に入って帰らなかったのだろう。陸軍のクラーク基地跡も、いくつもあった米軍用のスーパーが潰れていた。

アメリカがいなくなったすきに、中国が来て南西諸島をかっさらった、と話すフィリピン人もいる。真偽のほどは分からないが、海と基地は関係が深い。私は海辺が米軍管理下にある佐世保や横須賀の風景を思い出した。海兵隊が闊歩する街の風景も。海といえば漁業や海水浴ばかりとは言えない。そして沖縄辺野古の海にも市民の反対にかかわらず、また基地が作られようとしている。

「すでに日米政府は沖縄及び八重山で限定的な日中戦争が起こるというシミュレーションをしている」という話を聞いた。そうなれば、沖縄の人たちは再び戦火に見舞われる。フィリピンの海を眺めながら、場違いかもしれないが「憲法九条は変えさせない」と力が入ってしまった。

インド　プーリーの海辺

四十三歳になった夏、友人にインドに行かないか、と誘われた。すでに長女が中学生になっていたので、私は二十年ぶりにパスポートを取り、後を彼女に頼んで出かけた。友人は仕事で前から行っており、エア・インディアの直行便はカルカッタ（コルカタ）についた。夜の便で、あちこちから突進してくるリキシャを選んで、大きな道に牛も犬も、なんでも悠然と歩いているのを見た。コルカタは雨が降って、スラム街を膝まで濡らして歩いた。

数日後、私たちは夜行列車で、海辺のプーリーという町に行った。コルカタの薄暗い夜の駅に、四十両も続く列車が静々と入ってきた。

一晩明けると海辺の町だった。そこでまた一週間、安ホテルに泊まって、海で泳いでいた。朝、千艘もの船が浜から出る。一つの小さな船に数人の男が乗って、沖に漁に出かける。女たちは、金属の弁当箱を男に渡すと、丘の上からサリーの布と髪の毛をなびかせて見送る。壮観だった。

そういう海辺の集落を見に行くと、藁で作った、まるで縄文式の小屋が建ち並び、女はしゃがんで薪で煮炊きをし、子供達は全裸で、元気に飛び回る。目の悪い子や足の膨れた子や腕のない子もいる。子供は私の奥歯にかぶせた金冠に興味を持ち、見せろ、とせがむ。夕方、千艘の船が一斉に帰る。浜辺はすぐさま市場になった。子供達はピチピチ跳ねる魚を捕まえて、かごに入れて運ぶ。こうして、将来、漁師になる訓練をしているのだ。私は大きなオマールエビをとんでもなく安く手に入れ、宿の主人に塩焼きを頼んだ。

翌朝、夕方に浜辺をいく派手な行列があった。漁師が一人死んだのである。遺体を金銀の布で巻き、幟（のぼり）を立てて「ラムラム、マタージー」とか、ご詠歌のようにみんなが唱和する。その音階を覚えている。千艘の船、数千人の漁師が混み合って出れば、一人くらいは命を落とす男がいるのかもしれない。過酷な仕事である。

十年もして、私は再び、インドの東海岸に行った。浜辺はまるで洗われたように、かつての漁師集落がなくなっていた。二〇〇四年十二月二十六日、スマトラ島沖地震、いわゆるバンダアチェ大地震はM9・1とも9・3ともいう。その津波がインドの東海岸に押し寄せ、一万二千四百七人が亡くなった。行方不明者は一万人。

あのサリーを風にひるがえしていた妻たちも未亡人になったであろう。泣いていてもしょうがない。みんなで小さな人形を作りながら、お互いの悲しみを披瀝し合おう、自立しようという「ツナミカ」という運動があることを、この時に知った。

海こそ人生、南イタリア

二十年ほど前、『即興詩人のイタリア』を書くためにイタリア全土を回った。アンデルセンの小説『即興詩人』のあとを追いかけた。そしてナポリから南にソレント、カプリ、ペスツムの遺跡まで見た。その時ナポリ大学大学院で建築史を学ぶ中橋恵(なかはしめぐみ)さんに通訳をしてもらった。二十年途絶えた付き合いが復活して、二人の子どものママになった中橋さんと、今回は、ペスツム以南、辺境の小さな村々を回っている。地中海の青い青い海。有名なリゾート地もあるが、ひなびた入江に車を止めて、小一時間チャポチャポと海に浸かるのも楽しい。

砂浜は少なく、岩場か、砂利のようなところだが、足までが青く染まるように透明だし、ゴミもない。近所のおばちゃん達がパラソルを立てて、ジェラートを舐めながらはるか遠くを見ている。海沿いの人々は毎日のように「海に行く」と言い、海がまるで人生のようだ。モンテカラブロの山道であったおばあさんも、車に乗せてあげると「マーレ！」と一声叫んだ。あの炎天下を何時間も歩いて海に浸かりに行くつもりだったのだろうか。

　海を上がるとレストランがあって、一番おいしいのはカラマリのフリット、イカの揚げ物。そしてウニやアサリのフルッタ・ディ・マーレ、海の幸のパスタだ。スパゲッティでなく、シャラテリとかオレキエッテとか、地元独特の手打ちのフレッシュパスタ。これできりっと冷えた白ワインを飲むと最高。

　というと旅でいい目ばかりあっているようだが、南イタリアは貧しい。あちこちで夫は北イタリアに出稼ぎに行っている話を聞く。ローマから週末帰ってくる夫もいる。若者の失業率は四十四パーセント。ベネズエラ、カナダ、ブラジルなどに移民に行った人も多く、ボルゴと言われる古い城塞集落は空き家だらけだ。ここをどうにか再生したい、と中橋さんは言う。

　一月以来雨は降らず、自然発火の山火事ばかり。私たちも日本武尊（ヤマトタケルノミコト）ではないが、火の中をクーラーの効かない車で走り抜ける。ナポリ近くのベスビオでも、火山の噴火ならぬ山火事が集落に迫っているそうな。到底消防車は手が回らない。青い海の観光写真からはうかがい知れない現実。

それでも南の人は親切で、おしゃべりで、のんびりと、スローな人生を楽しんでいる。

*P.S. このときの旅の成果は『イタリアの小さな村へ――アルベルゴ・ディフーゾのおもてなし』(新潮社とんぼの本)になりました。

粟島馬の物語

馬のインストラクターの友人が、「新潟に粟島という絶海の孤島があって、そこに昔、粟島馬という固有種がいたらしいんです。昭和七年までその馬はいたので、覚えている人が五人だけいる。森さん、行って話を聞いてくれませんか」という。なんだかよくわからない依頼だが、面白そうだという勘が働いて、新潟の村上、岩船漁港からフェリーに乗った。

結構大きな豪華船で、一時間半もかかってついたところが大きな港。こんな小さな島が粟島浦村という一つの基礎的自治体で、人口三百五十人でも合併しないのだという。合併すると庁舎は島外におかれ、島の人たちの意見だけでは何も決まらなくなる、と住民はいう。民宿が幾つかあって、そこでは新鮮な海の幸がいっぱい出た。「昔は大謀網（だいぼうあみ）というのでタイが何万貫も取れたことがあったわ」と漁師のおじいさん。ただ惜しむらくは、刺身とか、鍋とか、日本風の簡単な調理法で、やたら塩辛く、もう少し工夫が欲しい気もしたのだった。

さて馬である。いろんな話を聞いた。「源義経が頼朝に討たれて、逃げてきた時においていった馬だそうだ。でもどうやって、海を渡ったのかな」「東京の宮城前の楠木正成の銅像の馬は粟島馬を模したものだということだ」。

島の真ん中は広い牧場である。土地の人はマギと発音した。牧のことかしら。高台に冬中放しておくと、その糞で土地が肥え、馬が駆け回るのでよく耕され、良い耕作地になったとのことである。「耳切と言って、誰の持ち物の馬であるか、耳の切れ目でわかった」とも言う。

私は海の見える丘の上を走り回る馬たちを思い浮かべた。

「でもな、気性の荒い馬も多くて、そういうのは、殺して食っちまった。あるいは、追い詰めて海に落としたのもいたらしい」。六所神社の脇に、最後の一頭が小屋に繋がれていたという。

それより、ここにいる人たちこそ、どうしてここに渡ってきたものだろう。この荒海をはるか越えて。電気は島内で火力発電をしている。ガソリンを海を越えてわざわざ運んで自動車を走らせるより、これからは馬を育て、馬車を走らせたらいいのでは。今、馬を育てながら、子供たちも育てる「しおかぜ留学」をはじめ、島の人口は全国で二番目の伸び率を見せた。

案の定、帰りのフェリーは欠航になり、私は島に足止めを食ったけど、温泉に浸かって、荒れた海の雄大な白波をいつまでも眺めていた。

＊ＰＳ．のちに粟島の新鮮なタラを取り寄せた時、私は刺身のほか、オリーブとニンニクとトマトで「タラのバスク風」を作ってみた。これも絶品だった。

II　島にわたる

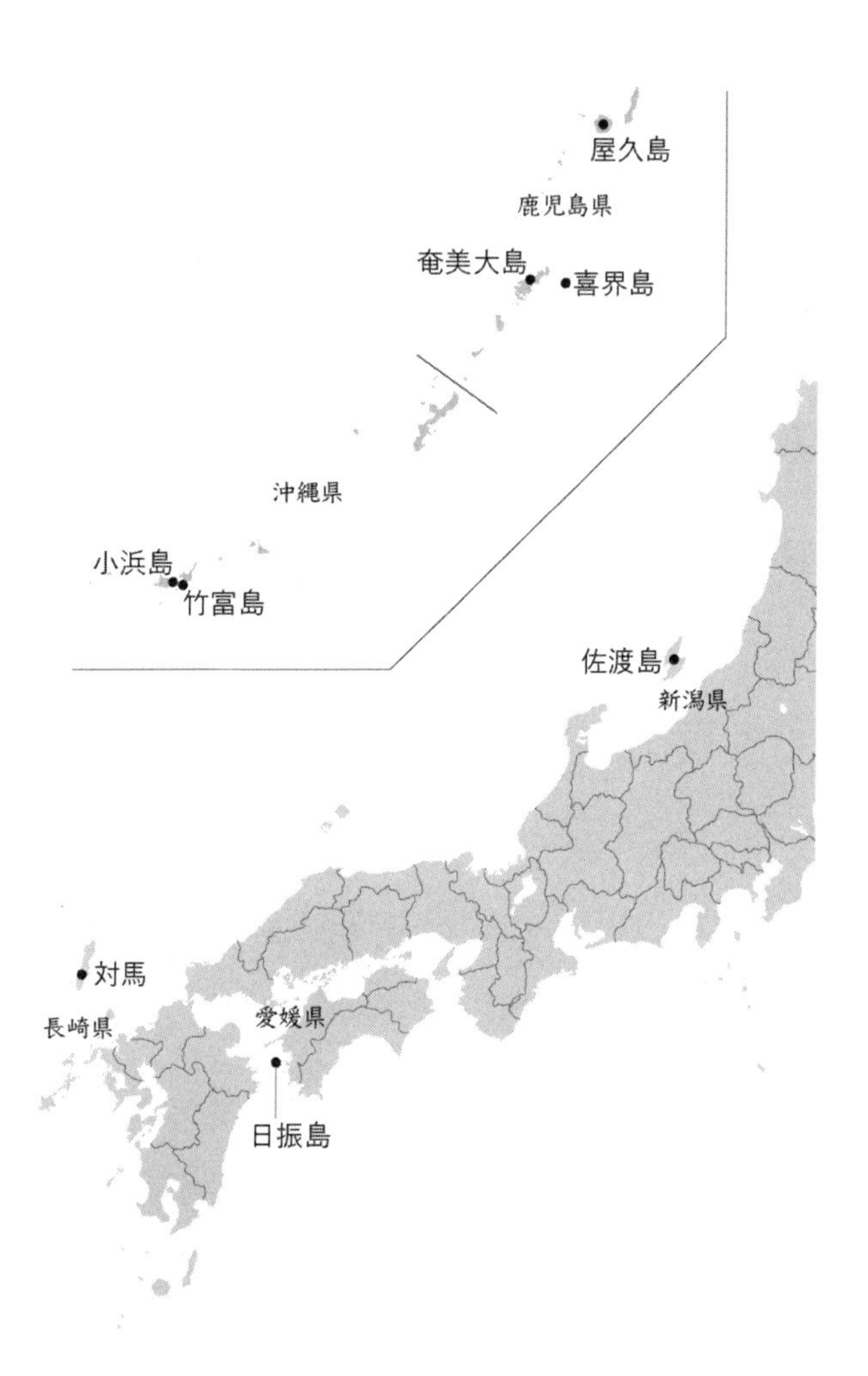
屋久島
鹿児島県
奄美大島
喜界島
沖縄県
小浜島
竹富島
佐渡島
新潟県
対馬
長崎県
愛媛県
日振島

世阿弥とたらい舟――佐渡島（新潟）

新潟駅からタクシーに乗ると、人気のないコンベンション・ホール「朱鷺（とき）メッセ」が見えて、佐渡汽船のターミナルへ。

何分か前に、ちょうど北朝鮮の船、万景峰（マンギョンボン）号が岸を離れたところだった。その船も沖に見えた。

十一時のジェットフォイルで一時間、近づいてくる島影はとてつもなく大きい。佐渡は大きいんだ。

両津の港に称光寺（しょうこうじ）住職、林道夫さんが出迎えてくれた。つてを頼って電話をしてあった。とにかく大きな人である。ハズカシそうに「娘も連れて来たんですが」。

あらわれたのは、ロングドレスに白いショールを巻いた背の高い女性。娘というのは冗談で、この人エベルティィーナはオランダ人。本業はダンサー。奨学金をとり、二カ月の予定を倹約して六カ月に延ばし、佐渡の民俗をビデオで撮影しに来ているところだった。B（ビー）と呼んでくれという。

フローティング・アイランド伝説

まず郷土史家、福島徹夫先生を訪ね、町を歩いて案内してもらう。のっけから二・二六事件に連座して刑死した北一輝の碑に当面した。佐渡の出身だとは知らなかった。

「両津はなぎ待ちの港です。イギリス公使パークスも開港のため来ています。日本で初めての鉄の船もここで造られました。六十トンの蒸気船鮮海丸で、船長にはオランダ人のマクニー・ホールという人を雇いました」

オランダから来たBの目が輝く。といっても、Bは日本語を解さない。住職と私がこちょこちょ英語で通訳する。

「吉田松陰も小木（おぎ）から雨の中を歩いて、ここに来ました。蝦夷（えぞ）へ行く予定でした」

下田からアメリカに密航しようとしたし、よほど広く世界を見たかった人なのだろう。

「佐渡は浮島という伝説があり、富山湾にぴったりパズルのようにはまる。そこからふらふら海に浮き出たのかもしれません。大昔の化石や木、サメの歯や恐竜の頭も出ています」

フローティング・アイランドの話を伝えると、Bは「ファンタスティック！」と叫ぶ。

「流される島ですから、順徳上皇の御陵があり、日蓮さんもここに来てるんです。その書があります」と訪ねた日蓮宗妙法寺のお堂には、県指定文化財の洛中洛外風俗図屏風があり、見事である。盆と正月がいっぺんに来たようなめまいに襲われる。

そういえばわが住む東京、谷中の天王寺は、もと長耀山感応寺（ちょうようさんかんのうじ）といい、日蓮さんが佐渡から罪を許されて帰る時、ここを通って一夜の宿を乞い、それが寺を開くきっかけとなった。佐渡と谷中は日蓮の歩行でつながっている。異端に問われた谷中の不受布施派の僧侶たちもまた、江戸時代に海を渡り、佐渡に流されたという。

さらに福島先生、「このお寺には明治二十二年、佐渡で最初に腑分（ふわ）けをしたときの碑、裏目付けとして来ていた服部半蔵の弟の墓もあります」と教えてくれた。

そこからBの希望で、晩年、足利義教によって流された能ダンサー世阿弥の腰かけた石のある正法寺へ、私は本堂前の「夏草や　世阿弥の跡の　石一つ」の青野季吉（この人も佐渡出身）の石碑を眺めるが、Bは石に座って動かない。

「見て、このシダー・トリー。ゼアミは木陰で、ここから海を眺めてたんだわ」

戦国時代、佐渡は上杉景勝の所領であり、軍馬や錫の産地だったそうだが、江戸に入ると天領となった。

予想外の展開になった。Bはあした佐渡を発つので、これから畑野の友人ジョニ・ウェルズさんに会いに行く。一緒に来ないかという。

「これじゃ取材になんないね」といいつつ、称光寺の道夫さんが車を駆る。美しい集落を抜け、千坪もあるような農園に着く。短パンのジョニはさっそく銀のマグに冷たいビールを注いでくれる。カナダ人で、一九七七年に来日、佐渡で文弥人形遣いの浜田守太郎氏に魅了されて弟子入り、以来三十年近く。日本人の夫人と暮らす。ジョニ、生まれた年はと聞くと、「花のニッパチよ」。そうなの、私はニッキュー。

「じゃあ仲間だ。ビール持ってどこ見てもいいよ。最近直した部屋、ツアーしてきて。

とってもよくなった」。二階に上がると本また本、そして窓から緑の見えるなんとも居心地のいい部屋。

「ウィリアム・モリスの家みたい」というとジョニ、「そう。彼とは考えが似てるっちゃ。家の中には必要なものだけ、そして美しいものだけを置く」

ニューヨーク在住三十年の画家のオオウチさん、ジョニの奥さんチーちゃんこと智恵子さん、なんだか話が盛り上がるうち、「庭で夕飯食べていけば」ということになった。

それは私の人生の中でも、指折り数えるほどの夢のように美しい夕べだった。パラソルの下、折々のざわめき、日のうつろい、ビールがつがれワインがつがれ、チーちゃんのひややっこ、何事も手早いジョニのポテトサラダ、庭のかまどでこんがり焼けた鳥。

そろそろ帰らなくては。車を宿根木（しゅくねぎ）の道夫さんの寺まで走らせる道でBがささやく。

「見てよフルムーン。あなたはラッキーね」

左手の海上にぽっかり白い丸い月が出た。

その晩はどこか温泉付きの公民館みたいな宿に素泊まりした。朝、今夜の宿となる宿根木の旅籠「清九郎」に荷物を運び、おばさんと話す。

「うちはちょっと前まで町中にいた。古い船主（廻船問屋）の建物ということで、そっちはいま重文の公開民家になっとる。家の歴史はじいちゃんがよーく知っとんだけど、いま柿の摘蕾（てきらい）で忙しいだら。おらっちは民宿のほう、やってるだら。冬は雪降ってもすぐに消える。風は吹くけど積もらんでの」

佐渡の言葉を一つ教えてくださいというと、「だちかん、かね」。だめになる、失敗するという意味らしい。

道夫さんが住職をしている称光寺を訪ねると、まるで墓地は花園のようである。旧の節句、まだ空を鯉のぼりが泳ぐ。称光寺は一遍上人の時宗の寺、宿根木の集落の人びとはすべて檀家だ。どっさり花をのせて、手押し車でおばあさんがやってきた。

「ここらの人はようく、船乗りや出稼ぎで出て行った人を守ってほしいとご先祖様にお祈りするんです。もう佐渡に私しかおらんもん。都会に出ていった親戚の分も花あげてます。お花がないと、なんかむごらしい（かわいそうな）感じがして」

これだけお花を買ったら、大変でしょうといったら、スターチスもつりがね草も、みんな山の畑で自分で育てているそうだ。

一村一寺、時宗の称光寺の和尚は「御前さん」と親しまれているが、ご本人いわく「ただの酒呑みじゃ」。話し好きでもあって、茶碗を置いて話し、急須をあけて話し、茶筒を取って話し、湯を注いで話し、お茶が出てくるまでに一時間もかかったろうか。時宗と佐渡の関係、人魚の肉を食べた娘が不老不死の体になったという八百比丘尼伝説、山岳信仰と山伏、佐渡金山への朝鮮人連行の話。どこまでも話は続く。時々お檀家さんが「お節句でーす」とがらりと戸をあける。

先代が旅人をよくもてなし、民俗学者・宮本常一(つねいち)氏もここによくお世話になった。「子どものころ、先生の膝の上に座ったりしてました。そのころは復員兵みたいにゲートル巻いて、よれよれの服で。学生のころも帰省すると、先生がよく来てた。一滴も呑まず、あんまり食べず、いつまでも話をする。何聞いても知っている、すごい人でした。調査にくっついていったこともあるけど、先生がメモなんか取ったのを見たことがありません」

テープもメモも取らないで、宮本常一はあれだけの調査をどのように文章に再現したというのか。対馬でも聞いて驚嘆したことだ。

文弥（ぶんや）人形と山椒大夫伝説

宿根木の集落を歩いた。国の重要伝統的建造物群保存地区（重伝建地区）に選定されているが、いままで見たどの町並みともちがう。海の近く、称光川に沿って幾筋かの小路が走り、二百戸ほどの民家が身を寄せあうように密集している。廻船問屋の豊かな町、職人町。ツバメが水路を飛ぶ。外壁が船板のものがある。船釘は打ってから折り曲げてある。

軒下の持ち送りに装飾がある。かと思うと道の交わる所、三角の家がある。ここには優秀な船大工も船釘をつくる職人もいた。小木が海の輸送で栄えたころの話である。その千石船白山丸を復元した記念館もあった。名物たらい舟にも乗せてもらった。

公開民家となっている清九郎を、係の佐藤ふじさんがていねいに案内してくださった。

「こんな立派な家に住めなかったので、いまこの家をお預かりして説明するのが嬉しいんです」

「坂が四つあって四つ坂と申しますが、必ず上にお地蔵さまがいらして、おかげで坂で怪我をした人は一人もいません」

路地の突き当りに佐藤ちゃうさんの家。

「私はとなりのうちから嫁いで来たのよ。亭主より二つ上でな。それがうんと嫌だった。向こうも嫌じゃったろ」

こちらは勝ち気なおばあちゃん、なかなか子どもに恵まれず、周りの友だちがどんどん産むのも嫌だったという。

「お産はなんやら大きな糞でもするような気分だったな。それから何度家を出ようと思ったかしれん。向こうが出稼ぎにいっとったから保ったようなもんよ」

八十七で、上の畑から帰ってきたところだ。病気一つしないで……。

「五十年くらい前に盲腸やっとる。元気なのはロクなもの食わんせいだら。卵一つと野菜ばかり」
○○の婆はの、かわいそうに、だちかんやったとつぶやく。手遅れで亡くなるのも「だちかん」らしい。
郵便局は集落唯一のたまり場らしく、住職と行くと、駐在さんと往診の先生と局長と茶飲み話が始まっている。

「あんた、取材にならんなあ」

御前さん、人ごとのようだ。それから岬をめぐり、大きな太陽を見た。夕陽が落ちると、また海の上に満月が出る。

この晩民宿「清九郎」に泊まったが、食事は少し離れた所に息子さんの経営する「菜の花」という居酒屋があって、そちらに案内された。これがすばらしい。料理もパンチとアイデアがあるし、酒は東京でもここまでそろえるか、というくらい。夫婦で手薄のところ、幼いお嬢さんが料理を運んできてくれる。もちろん、酒呑みの和尚さんがつき合ってくれた。

次の日はひとりで真野御陵と常設の文弥人形を見た。新内の岡本文弥さんから「元はと言えば江戸時代、大坂にいた語り物の岡本文弥、その一筋を引いたのが、新内の岡本派で、一つの流れは佐渡に伝わり、文弥人形となっております」と聞いたのは、もう十何年も前だろうか。

文弥人形の遣い手は観光施設の売り子でもあり、配膳もし、団体客に合わせて、息せき切って黒い装束に着がえて舞台を開ける。国指定重要無形民俗文化財というには、ややわびしい光景だ。出し物は決まってます、「安寿と厨子王」。船ばたから侍女は海に落ち、子どもたちは人買いにさらわれ、母子は別れ別れとなる。

夜は大膳神社で薪能を見た。芸能漬けの一日。佐渡には三十座の能舞台がある。佐渡金山の初代奉行として赴任した大久保石見守長安が能楽者であったからという。農民も田植えをしながら謡うと聞いた。雨が杉木立に瀟々(しょうしょう)と煙るなかで優雅な舞いを見るのは心落ち着く経験であった。

佐渡さいごの日、佐渡の金山を見学のあと、相川の郷土博物館の柳平則子さんの案内で「宵乃舞」を見た。丘の尾根道をすげ笠に顔をかくした踊りの行列がゆく。道は顔をほんのり見せるほどに明るい。この唄も「口説(くどき)」といって、佐渡の金山で働く者と遊女の心中を唄ったりする。「情死の墓」と彫られた墓もあった。

柳平さんはやはり宮本常一の衣鉢(いはつ)を継ぐ人で、関東からわざわざ佐渡へ定住し、相川技能伝承展示館で女たちの裂織（さきおり）の復活、研究に努力されている。物の少ない島で、古く傷んだ布を捨てず、裂いて織って強い布を作り、日よけにもしたというが、丈夫で美しい布だ。柳平さんのバタンバタンと杼（ひ）を打ち込む音を聞くと、自らの羽を抜いて機に織り込んだ佐渡の民話「鶴女房」がかなしく思い浮かべられた。

柳平さんと海府の海辺を走った。カンゾウの花が咲き、安寿と厨子王の老母が鳥を追ったと伝えられる茂みがある。

安寿恋しや　ほうやれほ
厨子王恋しや　ほうやれほ

こんな紀行文にそのことを記すのはつらいけれど、真野の岸辺から北朝鮮へゆえなく連れ去られた現代の母子のことが心に染みて離れなかった。

「『厨子王』という叫が女の口から出た。二人はぴったりと抱き合った」

森鷗外の『山椒大夫』の末尾。この叙事詩のような奇跡が起こってほしい、と私は祈った。

宵乃舞

海に翻弄された小島——日振島（愛媛）

のっけから大荒れだった。

八月三十日、台風十六号の接近で、羽田から松山への飛行機が飛ばないかもしれない。もし便があっても、宇和島から島への船が出るだろうか。

前の前の日、日振島（ひぶり）に誘ってくれた大学生の藤田圭子ちゃんが泣きそうな声で電話をかけてきた。彼女には前に宇和島の遊子水荷浦（ゆすみずがうら）の段畑（だんばた）の取材で出会った。大学の学部の後輩でもあり、さっぱりした、しかし熱心な学生で、いつしか東京でも遊び仲間になった。夏休みで、地元の遊子に帰る。ついでに「日振島に母方のじいちゃんばあちゃんがいます。昔の言葉や風習も残っているし、行きませんか」ということになっていた。

「ばあちゃんが海を甘く見たらいかん、て」

私はチケットを振り替えてもらい、二日遅れで台風一過の松山へ向かった。そこから宇和島までは特急で二時間である。

宇和島からのフェリーは夏は一日三便、乗船一時間ほどで、十二時二十七分に着く。乗客は島の人ばかり。きのう、松山の坊っちゃんスタジアムで巨人―横浜戦を見てきたというおじさんが、船中、圭子ちゃんにイカとサンマを三尾くれた。遠い遠い親戚で、漁協の人だそうである。

日振島は、平安時代には藤原純友が軍船を集めた根拠地。ゆえに島の人は、「海賊の子孫」などといわれて迷惑しているらしい。地図で見るとWの字に似て細長い。西岸は崖で人は住まない。東側は入り組んでおり、船は喜路(きろ)、明海(あこ)、能登(のと)の三つの集落のある港に泊まる。キロ、アコ、ノトという単純な力づよい音の地名である。

娘たちに送るトコロテン

能登の船着き場に白いシャツ、麦ワラ帽の老人がにこにこして立っていた。前川徳俊さん、圭子ちゃんの母方のじいちゃんは私たちの荷物を手押し車にのせて、海岸を歩く。

しばらくして路地を入ったところが家である。まん中に井戸があり、じつに複雑な角度で数棟の建物が建っている。涼しげなワンピース姿の大柄なばあちゃんが、「よく来た、よく来た」と手招いてくれた。台所兼居間のすごく居心地のいい空間。「ま、そうめんでもお上がり」

話を聞いていると、この家はばあちゃんの実家で、六人兄弟末子のばあちゃんちに前川家の三男のじいちゃんが入ったらしい。

「囲炉裏でしっかり薪焚いたうちだから大丈夫なんよ。私のお父さんは、私が六年生のとき亡くなった。そのあとお母さんは一所懸命子どもを育てて、大変だったのよ」というとき、ばあちゃんは涙ぐんだ。宇和島のおじさんが旅館をしていたので、姉が先に行き、富子さんも追っかけて行ったのだという。

「でもかわいがってもろて。せいぜいお皿洗いかそんなもんよ。布団敷きもさせられんかった」

一方、大正十三年生まれのじいちゃんは、子どものときから漁の手伝いをして育った。

「学校は嫌いですけ。毎日、帰ったらすぐ海に来とった。第一、島外の中学まで上がらせられるような裕福な家はなかったもの」

兵隊から帰ったのち二人は結婚。五人の娘が生まれた。いま、東京、埼玉、茨城、宇和島などに暮らす。

「毎日、娘の誰かから電話がかかってくるわ。米やらリンゴやらナシやら送ってきますけ。農協の売店で買うのはバナナと牛乳くらいよ」

いま八十のじいちゃんは、ハゲカゴでタコやイサキをとる。「これが酒代よ」。ハゲとはカワハギのこと。「皮を剝(は)ぐでしょ。だからハゲ。この皮を紙やすりに使ったんです」。ついでにカサゴのことはホゴというと教わった。そういう日振独特の言葉がある。親のことをお前と呼ぶとか。なるほど御前であるから敬語かも。

都会の娘たちへはお返しに海藻からトコロテンを炊いて送る。平成九年に金婚式を過ぎた二人のごく静かな暮らし。

じいちゃんはつい先日の台風ではがれた屋根を直しに上る。じつに身が軽い。圭子ちゃんは、そのうち「じいちゃん、海へ連れてって！」と叫ぶ。モノいわず下りてきて船を出す。無口なじいちゃんから話を聞くのはなかなか大変だ。

「こんどの台風はガイやったの（圭子ちゃん＝ガイはすごいって意味）。わしはもっとガイのに当たったことがある。あれは昭和二十四年だったかな、デラ台風というのが来て日振島全部で百六人、能登だけででも三十四人死によった。

ちょうど不漁つづきのあとでな、みんなあせっとった。今日こそ船を出さねばと。まだテレビもなかったし、無線もないし。急に天候が変わるとは思いもよらなかった。

わしは菊光丸ちゅう船に乗って、巾着網漁に出かけた。母船と出るときは晴れとったが、帰りは大変じゃ。結局、船長の判断がよかったけん。風の向きを読んで、命からがら八幡港に帰れた。もうその後、一カ月は漁もせんと死骸さがしじゃ。みんな仲間やけんの」

いまはモーターのついた船で海の上を滑る。

沖に出て、着いた島は台風のあとで、草木やゴミがいっぱいに打ち上げられ、下に水着を着てきたものの、寒くて水泳どころではなかった。雨がポツポツくる。

「ここで潜ればウニもアワビも獲れるけん。いまはアジにサバ、ハマチがいる。アジも一箱一万五千がとこでしょう。いまはイワシが獲れんです。昔はようけおったが。それ、あそこの浜にイリコ（煮干し）の干し場があった。向こうの山は松がずいぶん生えていた。松くい虫ですっかりやられてしまったが」

デラ台風とネズミ

圭子ちゃんは祖父母の家に泊まり、私は夕方、集落に一つしかない民宿片岡に。こんばんは、といっても誰も出てこない。向こうの部屋で近所のおばさん同士のような会話が続く。私は楽しくそれを聞いて待っていた。ようやく私に気がついて「あらあら」と出てきたのは主人の片岡靖子さん。十畳と八畳つづきの部屋に通される。こんな立派な部屋に私一人ですか。

「今日は工事の人もいないし。ゆっくりね」

食事は出るわ出るわ。アジの刺身のツマがタマネギのスライスである。これが案外いける。揚げ物、煮物、すべてがおいしいが、台風情報をハラハラしながら聞いて寝不足つづき、そして長旅がたたって、私はビールをなめては一人で居眠りである。もうだめ。

翌朝、靖子さんの話を聞く。これまたすごい。靖子さんの実家はもとは貧しかったが、「貧乏しとると、人も寄ってこん」と父、林助太郎氏が刻苦勉励して船主となった。仕事も順調で、靖子さんもすくすく育ったが、昭和二十四年六月十七日のデラ台風で運命は一変した。

「デラ台風のときは本当に悲しかった。父はたまたま命拾いしたんですが、父の船団で亡くなった方もあって、父に対してなんで死んで帰ってこなかった、と責める人もあり辛かった。母船はモーターがついていてたけれど、他の船は手漕ぎで、つないでいた縄が切れて。船に積んでいた網は全部捨てて、軽くしてどうにか戻ったんです」。

五十数年たった今日も語りつがれるデラ台風の悲劇。島の被害は二〇六人もの死者、行方不明者を出した。夫と長男を海に喪(うしな)い、病弱な妻が幼い子ども三人とおばあちゃんと残された。あるいは息子二人が戦死した母が、さらに残った息子二人を海で喪ったりした。男手をもがれ、天災だからと補償金もまともに出ず、生活保護を受ける人が続出した。その後、女たちは島でサツマイモ作りに精を出したが、それもネズミの大発生で食われてしまったという。

盆踊りなどでいまも歌われる「デラ台風口説(くどき)」がある。口説とは「三勝半七口説」とか「大阪心中口説」など遊女との心中を歌うことが多いが、ここでは島人の遭った悲劇を歌っている。

〽思い出せば身の毛もよだつ
聞くも語るも涙のもとよ
いとも哀れなその物語
時は昭和の二十四年
五月時雨の三十一日に
突如起こりしデラ台風は
海の彼方の塩成沖で
血気盛んな日振の人の
百と有余の生命をうばう……

旧暦五月に台風は来ないと、島の人は思っていた、という。

靖子さんの悲しみはそれにとどまらない。昭和六十年、夫を海で喪っているのだ。

「カナダから来るお客さんに食べさせたいと、サザエとか磯物をとりにいったの。四時になっても帰ってこんから、パパどこ行ったんやろかというと、沖に出よったよと聞いて。ちょうどお盆の十四日でした。人を招き入れるような波やったんね。上がったゾー、といわれてから三年間、私の記憶はどこかへいっている。お葬式も何もどうやったか覚えてないの。

心のやさしい人望のある人でした。ずっとあとで、海にいる魔物はさみしいもので、やさしい人が来たんで、すがられたんやけのと聞いて、なんだか納得しました」

夫と二人、せっかく建て替えたばかりの家を民宿にして、二人の息子とどうにか生きてきた。この家でも九人兄弟の末子の靖子さん一人が島に残ったことになる。

「姉たちが帰って来て、靖子ちゃんよくやるわー、偉いね、すまんね、といってくれるのがうれしいです。毎年来てくださる家族連れや、大学のゼミのみなさん、トンネル工事の方たちに支えられてね」

そんな話を聞いていると圭子ちゃんが、「お昼ですよ」と呼びに来た。

前川のばあちゃんがサザエご飯を炊いて待っていた。きのうのサンマもある。じいちゃんが外にお膳を出し、いそいそとビールを出す。じいちゃんは昼からビールが飲めてうれしいらしい。

靖子さんから聞いた話をすると「あの人もお嬢さんで育ったけん、苦労したよね」とばあちゃん。トコブシの煮たのもすすめた。

「フンドシのけて食べたらおいしい言うたら、自分のフンドシ取って食べた人がいるがいね」と大笑い。フンドシは貝のワタのこと。私は好きなので、全部食べたが、たしかにワタの苦さが口に残った。

別の集落も見てみたいと言うと、親戚のヒロ兄いが船を出してくれた。能登では、どの家もシンセキなのである。明海の集落へ行ってみた。よろずやさんのようなスーパーと藤原純友伝説の残るみなかわの井戸、立派な五輪塔の島大名清家庄屋の墓があった。

平将門に呼応して反乱を企てた藤原純友については海音寺潮五郎の小説『海と風と虹と』があり、ＮＨＫの大河ドラマにもなった。昭和十四年、山下亀三郎という人が建てた大きな純友籠居の碑には、「その賊名を免るる能はざりしを喜ばざるは論なしといえども、扁舟を帥いて活躍したる剛壮敢為の行動海国男子としてエライ男だという感もまたやや起こらざるを得ない」と刻んである。島の人にとっては時の腐敗した政府に叛旗を翻し、瀬戸内から宇和海、紀伊まで暴れまくった英雄なのである。「純友さまは賊じゃない、海に焦がれた夢のあと」と日振島小唄にも歌われるとおり。

海上の道は平らに一直線なのに、明海から能登への帰り道は峠を越え、道は曲がりくねっている。

「まだ半分くらいかな」

圭子ちゃんと二人、励まし合って歩いた。それにしても遠い。そこへトラックが通りかかる。すかさず手を挙げる。

日振島でヒッチハイク。荷台に乗せてもらうと、風景はあっというまに後ろに過ぎ去っていった。

海峡を行き来した人たち――対馬（長崎）

走って走って福岡空港第一ターミナルのいちばん端、対馬（つしま）行きのカウンターにたどり着いたのは、発券の終わる直前だった。ぎりぎりセーフ。

「ごゆっくりいらしてください」の声に送られ、息を切らしタラップを上る。

対馬行きの便は福岡から五便、長崎から五便。対馬って何県、知らないという人が多い。「津島」だと思っている人もいる。地理的には博多が近い。実は旧対馬藩宗家十万石の治めた土地で、長崎県なのである。その手前にある旧平戸藩領壱岐（いき）も長崎県。長崎からの便を「県庁便」と呼ぶ人もいる。行政関係者ばかり乗っているというのだ。

対馬の女子は働き者よ

三十六人乗りの小型飛行機は四時半、対馬空港に着いた。六月、まだ日は高い。

どこへ行くか、あてがない。宿も決めてない。

レンタカー屋の青年に「観光案内所はどこですか」と聞くと、「ないですけど、ぼくがわかることなら」と地図を出して、あれこれ教えてくれる。

「これからタクシーで小綱（こつな）の民宿『つな島』へ行ったらいいです。ゴリラ岩に見事な夕陽が見られます」

司馬遼太郎『街道をゆく　壱岐・対馬の道』では、対馬のタクシーは無愛想で乱暴なふうに書かれている。表に出ると何台かの車の外、たむろしている運転手のなかから、人のよさそうな人が来てホッとした。ところがこの人、まるで道を知らない。

「福岡から帰ってきたばかりやけん」

向こうで、ずっとバスの運転手をしていたらしい。

「農家の五男ですから。昔はイモと麦作りよったです。車なんかほとんどなくて、どこへ行くのも船の方が早かった。こんなとこですから医者もおらん。病気したが最後、死ななきゃいかんかった」

　確かに、入り組んだ入り江に沿って走る。赤島大橋のいい景色を見せるといってわざと遠回りをした気配もある。着いたときは、夕陽どころか真っ暗だった。表で民宿のおばあちゃんが困惑して待っていた。

「空港からすぐ行くいうたら、とっくに着いとるが」

　さあさあと招じ入れられる。少し離れた部屋で酒盛りのようす。だれかが何かいうたび、どっと笑い声がおきる。

「旦那さん？」と聞くと、「いや、じいちゃんは五時に寝よった。あれは近所の者じゃ。勝手に来て勝手に飲んどるんじゃ」。

　のんきなことだ。見まわすと天井が高い。太い梁にべんがらを塗ってある。

「ヒノキですたい。対馬特有の建て方で、釘ひとつ使わんとな、木の栓して」

　へえ、この家は百年くらい経ってるの？

「うんにゃ、私とじいちゃんで建てた。タイで建っとるとですよ。あのころタイが高う売れて、子どもたちはみなタイやヒラス（ヒラマサ）で大学行ったとですよ」

アジの酢漬け、サザエのつぼ焼き、イカの煮物、ヒラマサの刺身……と並んだ。皿小鉢は変哲もないが素材はすごい。大した料理だ。刺身は半身がどおんと皿にのって食べきれそうにない。

「うちは漁業組合の裏にあるからね、売れ残ると、ばあちゃん、わや（無駄）になるで食べんけいうて、くれらはっと。さっき来たあの子はこまいときから知っとったい」

じいちゃんとアラカブ漁へ行き、畑も作り、民宿も経営する働き者のばあちゃんはガハハと笑った。じいちゃんは年だから、ほとんど何もせんと寝ているらしい。

「あんたのためにサザエご飯炊いとった。食べっち」というが、もうおなか一杯。

民宿だから布団は自分で押し入れから引っ張りだし、敷いて寝る。布団は少し男臭い。遠くの宴は海鳴りのように、いつまでも続いていた。


朝、夕陽のかわりに朝陽を見た。

昨夜のサザエご飯をおむすびにして持たせてくれたのは、釣り人の多い宿の風習かもしれない。

前日のタクシー会社に頼んであった。何しろ車がなくては身動きがとれない。今度は別のベテランが来た。

「三十八年運転しとっと。島で知らんことはないとですよ」

私に任せなさい、いわんばかり。髪をポマードで固めてちょっと議員さんみたい。マッチョは苦手だが、観光名所より史跡を重点的にと頼む。南下して、まず仁位（にい）の和多都美（わたづみ）神社にお詣りする。海中鳥居が有名だが、社殿の表に「豊玉姫の墓」があった。『古事記』に出てくるヒロインだが、こんなとこに墓があるかいな。

そこから猪垣を見にゆく。猪の害にたえかね、対馬藩の名家老、陶山訥庵（すやまとつあん）という人が人海戦術で築かせたものというが、史跡板から先、行けども行けどもない。あきらめて戻ると、史跡板から垂直にヤブと化した道があった。かきわけて行くと、まさに見事な石垣だ。まことに不親切な史跡板であり、観光客も行かないらしく荒れ果てている。

文化財地図を見て次を所望する。石積みのヤクマの塔は？「あれはこの前の台風でくずれよった」。女連（うなつら）の立石は？「道が悪くて行けません」。肥料用の海藻を貯蔵する藻小屋はどう？「あれは復元したものです」とそっけない。なんだ、詐欺じゃないか、と地図に文句をいう。

話は面白い。「ここら年金暮らしばかりじゃ。一般企業が少ないから、島で一番のエリートは学校の先生、僻地手当もつくからな。次は役場勤め、次が郵便局。土建業者も羽振りがよかったが、ここんところ公共事業がなくて、よく金使って遊んどった社長がこの前自殺したな。田舎に金付けけんと小泉さんはいかんですよ」。市町村合併はどうなっているの?「来年(二〇〇四年)六町が対馬一市になる。そりゃまとまった方がよかと。小さければ選挙んとき実弾が飛ぶ。ここらの人はもれなく投票に行きよる」

青海(おおみ)という両墓制の集落に着いた。参り墓と埋(うず)め墓と両方が現存する珍しい土地である。参り墓をカラムショ(空墓所)と呼ぶ。それまで両墓制は瀬戸内海の本島(ほんじま)でしか見たことがなかった。

「あの人に聞こう。学校の先生をやってらはって、息子さんは役場へ行っとるとよ」と有名人を紹介する口ぶりになった。だれも彼も顔見知りだ。その方の話によると、曹洞宗の寺に参り墓があり、海側に昔、馬捨て場といって、馬も人も埋める場所があった。明治の末にそこを分割して墓を建ててしまい、寺にはあまり詣でなくなったということであった。

馬って、対馬馬ですかと聞くと、「昔は農耕に使っとったが、いまは観光用に一、二頭どっかにいるじゃろう」とのことだった。

またリアス式の道をくねくね行く。とつぜん運転手さんに非難された。

「対馬の女子(おなご)はお客さんごと化粧せん人は少なか。農作業するんでもちゃんと化粧しとる。化粧もせずに人前に出るのは失礼だち」

あーら、私が化粧したのは後にも先にも結婚式のときだけよ。

「対馬の女子は働き者よ。うちの女房も仕事持ってるが、私のシャツなど一度もクリーニングに出したことはないと」

男尊女卑が濃い風土なのかも。余分なことをいわずにおこう。昼ご飯は「そば道場あがたの里」という所で食べた。

頻繁な大陸との往来

対馬野生生物保護センターではツシマヤマネコが保護捕獲され、一匹が一般公開されていた。ベージュ色に褐色の斑点、額には縦縞のこの短足胴長のネコは朝鮮や中国に分布するが、日本ではここにしかいない。つまり、朝鮮半島と対馬は太古は陸続きで、約十万年前に渡って来たのだという。国の天然記念物だが、かつて三百匹ほどいたのがいまは三分の一に減った。今年になってからも交通事故に遭うネコが多い。しかも今いる保護されたネコはネコ免疫不全ウイルス、いわゆるネコエイズに罹（かか）っていて、だから森には放せないとのことであった。

「対馬海峡遭難者追悼之碑」がある。この海で、どれほどの人が命を落としたろう。「不幸にも遺体となって漂着した例も多く……」とある。

その先には「異国の見える丘展望台」がある。運転手さんの「韓国見えとるよ」という弾んだ声にかけあがると、はるか海のかなた、蜃気楼（しんきろう）のように釜山の白いビル群が見える。ここからほぼ五十キロ。

「私は終戦が小学校二年やが、子どものころ韓国の人がいた。日本人の村から離れ、山ん中に不思議な家を建てて、子どもが八人も九人もおってね。オンドル作って竹のゴザ敷いて」と運転手さんも遠くを見る目つきになる。

「魏志倭人伝」から、防人(さきもり)、元寇、朝鮮出兵、通信使……中国や朝鮮とこの日本の最前線対馬との長い歴史が、フラッシュバックのように頭をかすめる。もうひとつ「韓国展望所」の近くには、訳官(やくかん)使の一行が一七〇三年旧暦の二月五日に鰐浦(わにうら)沖で百八名沈没して亡くなったことを悼む「朝鮮国訳官使殉難之碑」もあった。かと思うと、ロシアの国旗がはためく碑が見える。「恩海義嶠」と読めた。

この沖で日露戦争の日本海海戦があり、バルチック艦隊のウラジミル・モノマフ号が沈み、百四十三名が四隻のボートに分乗した。農作業をしながら戦争を「見物」していたおばあさんがそれを見つけ通報、村人たちが船を出してロシアの水兵たちを救助、水を飲ませ、世話をしたというのである。関係は中国と朝鮮だけでは、なかった。交戦中なのにいい話ですねぇ。

比田勝(ひたかつ)の港を過ぎ、上対馬町、今日の宿「民宿西泊(にしどまり)」へ。経営者の修行(しゅぎょう)家は土地の旧家であるらしい。泊まり客は沖合の自衛隊基地の工事の人ばかり。夕食の準備はできているのに、彼らが仕事からなかなか帰らないので、ご主人修行さんと焼酎をはじめる。

「うちは宗家の五代から仕えとると。そもそも四国の土佐の人で、帆かけ船で中国に渡ろうとしたが、逆風にあって対馬の海岸に漂着した（なんてすごい話だ）。宗家十五代の晴康公の墓だけこの裏にあるのは、修行家から側室が上がっちゃる。何でも朝鮮出兵のときは修行家の長男が矢創（やきず）を負って帰ったんで、二度目んとき、次男は出さんと拒否して家が格下げになったっと」

大変な文書があり、歴史を学ぶ学生や研究者が訪れることも多いという。上品な奥さんも話に加わる。

「うちの先祖は参勤交代で江戸まで付いて行きよって、途中、京から二人嫁とってますが、なんでこんな地の果ての島に来たとかなしんで、私は京の三条が原よ、と歌いよられたと」

「戦前は買物も病院も釜山へ行くほうが早かったね」

「そうそ、嫁入り前の行儀見習いに、この辺の娘は釜山へ行ったものです」

「済州島から木の舟で海女さんがワカメやアワビを採りに来とったねえ。私もあのへんに疎開するはずだったが、船が来なかったので助かった」

気分よくなったご主人は夜が更けても語りつづける。「うちの人はおかず出して箸まで持たせないと、食べないんですよ」とお姫様のような奥方がにっこりなさる。聞けば奥さんが修行家の跡取り娘なのだという。やっと工事の人たちが帰ってきた。

三日目、朝迎えにきた運転手さんは酒臭くて、目が赤い。聞けば昨日厳原で朝まで飲んでしまったそうな。一日の貸し切り料三万円というのを値切って二万五千円にしてもらったのだが、久しぶりにいい客だったらしい。今日は東海岸を南下して厳原泊まり。この海岸べりにはさして見るものもないというので、彼を早めに解放することにした。

空港のレンタカー屋さんのおすすめは、丘の上に開いたばかりの海の見えるホテル。「韓国からの団体が多く、オンドルの部屋で泊まったら面白いですよ」という。

今日は客は私一人、受付の若い女性は親切だった。夜は近くのおいしい居酒屋を教えてくれた。

「日本から韓国行くと安いと思うのと同じだけ、向こうから来る人は高いと感じるんです。団体だと二泊四食付きで九千円ですよ」

風習のちがいを感じることはない?「あります。どおんと鍋をつくっても、口に合わないと誰も手をつけないである。かと思うと先に来た人が全部平らげちゃって文句が出る。

布団の上でピーナッツ食べながら立て膝で花札みたいなことして、あとの掃除が大変です」

部屋は何の飾りもなく簡素だ。これも絵や時計を掛けておくと、泊まり客が外して持っていくかららしい。茶碗や急須やお盆もなくなるという。

だいたい韓国の人たち、何を見にくるの？

「見物より、山に入って植物採ったり。こんなに効く薬草が多いのに、なぜ日本人は使わないんだろうと不思議がっていきます」

その夜、海の上にすばらしい月が出た。

半井桃水の生家跡を見つけた

四日目、宿の女性が、朝は時間があるから車で案内しようという。オーナーはいいの、と聞くと、彼はいま比田勝まで韓国の人たちをバスで迎えに行って、帰りに観光もしてくるので午後遅く着くそうだ。

厳原は城下町だけに見るものが多い。宗家の菩提寺万松院、雨森芳洲（あめのもりほうしゅう）の墓、この人は盧泰愚(テウ)大統領が来日時、韓日の友好に尽くした誠信の人として演説で讃えたが、記者たちは誰？　それ？　と知らず、大騒ぎになった。木下順庵の門下で対馬藩で外交を担当、中国語も朝鮮語にも通じていた人。私は芳洲の生地である滋賀の高月村（現在は長浜市）に記念館を訪ねたことがある。そこは日本の政治家の聖地巡礼の場所になったらしく、首相や大臣のたくさんの色紙があって、みんな書が下手だったのが印象深い。

　対馬の聖人とされる陶山訥庵(すやまとつあん)の墓を訪ねる。その同じ修善寺に崔益鉉(チェイッキョン)という韓国人の墓もある。この人は李朝のころ政治犯として流されてきて、ここで死んだ人である。「韓国の人たちはここを必ず訪ねます」。そういった彼女が急に考え深そうな顔をして、「どうもうちの祖父にも朝鮮の血が流れていたようです。そのことを知ってから、お客で来る人が他人に思えなくなりました」。

　彼女と別れて町をぶらぶらする。重文の宗家文書の一部を持つ県立の資料館もある。質素な町立の資料館にいた女性の方が、ボランティアというのに熱心で親切であった。慶長十二（一六〇七）年の最初の朝鮮使節から十二回の使節についていろいろ教えてくれた。学者、文人、書家、画家まで数百人の使節団を迎え、江戸までの道中、鎖国の日本人は海外情報を求めて各地で文化交流が行われたという。宗家は警護、随行を務めた。

昼は川沿いの魚屋さんがやっている食堂でアワビを注文した。入り口でアワビの好きなのを選ぶと、はかって値段を決め、後は刺身だろうと、バタ焼きだろうとしてくれる。アワビをこんな値段で食べていいのか、と思うくらいに安かった。夜は韓国人旅行者が来るのか、壁にハングルのメニューが書かれ、マッカリも置いてある。

満足して町に出ると見事な石垣が多い。でも放っておけば早晩、壊れる運命にあるだろう。見事な石垣のひとつの家を見ると「半井桃水（なからいとうすい）生家跡」とあり、私は興奮した。

中村五八四番地。私は樋口一葉を長年研究して、彼女が師事した半井桃水が対馬の出身であることは知っていたのに。まだ生家があるんだ。中に入ると、かなり壊れかかった家と庭に井戸があった。これが産湯の井戸か。桃水は幕末の万延元（一八六〇）年、宗家の御典医半井湛四郎（たんしろう）を父として生まれた。一葉は彼の家を訪ねた時、珍しい朝鮮の鶴をご馳走になっている。桃水は李氏朝鮮に舞台を取った『胡砂吹く風』も書いているし、一葉の朝鮮への興味を育てた。入り口の説明板に「一葉の思慕の人」と書かれていた。恋人とか、愛人とか書かれることが多いが、思慕の人、の上品な余韻がいつまでも心を潤した。

桃水をめぐる旅、ふたたび（対馬再訪）——対馬（長崎）

二〇〇六年、また縁あって対馬を訪ねることとなった。

ある日、「美しい『中村』を創ろう会」という所から電話があって、厳原の半井桃水の生家を壊して、地域の集会所のようなものを建てる。ついては樋口一葉と桃水の関係について講演してほしい、とのことであった。私はせっかくの生家を壊して集会所ないしは記念館のようなものを作るのはおかしいのではないか。文化財保存にはオーセンティシティ（真実性）が一番大事であり、本物を壊して偽物を作るのはどんなものだろうか、といった。

よく話を聞いてみると、私が前回見た家はシロアリ被害がひどく廃屋に近くなっている。とうてい修復では保たないので、それを元の家のイメージに近い和風の平屋にし、石垣はそのまま残すということだった。また半井桃水の生家といわれているが、資料によると半井家と姻戚にあたる、やはり医師の吉弘春庵の家ではないかということである。間に立ってくれた長崎県職員で建築が専門の小島俊郎さんの手紙や電話の感じがとてもよかったので、引き受けることにした。

そのうえ、せっかくなら行きは福岡からフェリーで釜山に向かい、釜山の半井桃水をめぐる遺跡を調査し、帰りはフェリーで対馬の比田勝へ着くのではどうだろうか、というと小島さんも興味を示し、私も行きますと、旅程を組んでくれた。お互い自費研修だが、はじめて会う人と一緒に海外に行くなんてなあ、と博多で待ち合わせたときはどきどきした。前日に博多に入って、新しくできた九州国立博物館の目玉、宗家文書の一部を見た。あとの一部は東京大学などにある。寒い三月のこと、太宰府は梅の盛りだった。

博多港で小島さんと落ちあう。乗り場はハングルを話す人でいっぱい。土産物売り場には免税の煙草やウィスキー、そしてペ・ヨンジュンの大きなポスター。

乗ったビーグルがあまりに揺れるので、私は対馬の島影を見るのも忘れ、ひたすら居眠りをした。運賃一万一千円。玄界灘を船で越えるのは大変だ。十八歳の夏、厳戒令下の韓国に下関から向かったことを思い出す。ともかくクジラに衝突しなくてよかった。

釜山に着くと、まずはチゲで昼食。ハムやソーセージの入った野菜鍋で、うどんでなくちぢれたラーメンのようなものが入っていた。

対馬釜山事務所の金京一（キムギョンイル）さんが迎えに来てくれた。彼女の先導で、十二歳の半井桃水が父とともに住んでいた対馬藩の貿易センター「草梁倭館」のあとを訪ねた。

それは釜山の中心市街地の三万坪を占めている。海岸線際まで倭館はあったが、埋め立てで土地が広がってしまっている。龍頭山（ヨンドゥサン）も倭館のうちでここにも碑は建っているが、見る人は少ない。秀吉軍を打ち破った李舜臣（リシュンシン）将軍の像が日本を向いて頂上に建っているほうがずっと目立つ。

韓国では古い、しかも日本の建物を残す気はないらしく、倭館のようすがは館主守へ上がる広い石段くらいであった。密貿易と女出入りは御法度、死罪。門前に野菜や魚を売りに来るのも老女に限るといった、厳しい特別居住区がもうけられていたという。

このなかで桃水の父はいわば藩の出張勤務医をしており、明治維新後、廃藩置県になると近くの東萊（トンネ）温泉地で薬屋を開いていた。そこも訪ねると大勢の人が足湯につかっていた。

温泉は健康ランドのようになっており、風情がない。植民地時代に着物姿の日本人が来ていた写真が多く貼ってあるが、こっちのほうが風情があるというわけにもいかない。

さて合併後の対馬市は釜山に事務所を構え、友好のために高校生、大学生などの人材交流や観光誘致を行っている。所員で日本語の流暢な金さんは大学卒業後、対馬で働いたことがあり、県からは所長が単身赴任していた。あとから対馬の毛越さん、鍵本さん、河合さんら郷土史研究者たちも合流し、割り勘で焼き肉を食べ、オンドルの東新旅館に泊まり、ソウルとはまた違った明るい、荒っぽい釜山の町を楽しんだ。

翌日、朝ご飯にアワビのお粥を食べていると日本人観光客がきた。どちらから？　対馬からと答えると「あんなとこ、人住んでいるんですか」ときて一同がっくり。どうも竹島かなんかと混同しているらしい。この日は釜山博物館を見、朝鮮通信使文化事業会へ挨拶に行った。毎年、通信使の行列のイベントを催している。この日、夕飯は海鮮鍋。

翌朝船に乗り、運賃七千円で比田勝の港に着いた。高速船でないので釜山から一時間四十分かかった。ぞろぞろと韓国の中高年のおばさんグループといっしょであった。みんな似たようなピンクや赤の上着を着、短いパーマをかけた髪で、楽しそうに大声でハングルを話している。ここはいままで見たうちで一番小さな入国管理事務所。狭い部屋に若い男性の係官はひとりしかいないから列ができる。まっすぐ並ばせたり、事前にチェックする女性がもうひとりいる。この係官たちもいつもは厳原にいて、船が着くのにあわせて二時間車で走ってくると聞いた。

対馬では前回、見残した文化財などを見学するが、どうもその保存の手法が荒っぽく、せっかくの宝物をコンクリートで固定したり、鎖で囲ったりしている。それにしても開発のテンポの速い本州では考えられない、手つかずの自然や文化が残っているのに驚く。とくに石を重ねた家や石蔵など、弥生式の古代の家を見るようであった。

新装なった半井桃水館はなかなかいい建物で、私は『一葉日記』に見る一葉と桃水の交流について話し、「半井桃水はすでに読まれなくなった作家で、美男子で、一葉が恋をした人としてしか知られていない。だが彼は朝日新聞記者として多くの新聞小説を書き、当時、朝鮮半島の言葉と事情を最もよく知っていた作家である。また征韓論に対し、日本と韓国は対等にお互いを尊重すべきだという当時としては画期的な意見を公表した」などと述べた。この部分は上垣戸（かみがいと）憲一さんの労作『ある明治人の朝鮮観』に多くを教えていただいた話。

そのほか宗家の当主が内鮮一体の政略で朝鮮の王族・徳姫と結婚し離婚したこと、明治の鳥森芸者で洗い髪で売ったお妻も対馬の出身であることも知った。

半井桃水の最初の妻で、美しかったが若くして亡くなった成瀬元子の墓も訪ねることができた。

歴史をつくるのは海の民——聞き書き

その夜、懇親会を催していただき、司馬遼太郎さんも教えを請いにきたという郷土史家、長崎県立対馬歴史民俗資料館建設準備委員もつとめられた永留久恵（ながとめひさえ）先生にお会いすることができた。そのお話を私は食べながら飲みながら一生懸命メモした。

「私は大正九（一九二〇）年、志多留（しだる）に生まれました。生家は江田といい、六人兄弟の末っ子です。すぐ上の兄ともう一人、姉が死にましたがあとはみな長命で、十八違いの長兄は去年百五歳で死にました。長兄は台湾に行って警部補になったが、戦後引き揚げてきて百姓をやってました。それしかありませんわな。父は上の学校へやりたがったが、母が頑として聞かなかった。

私は末っ子ですからの。どうにか長崎の師範に入りました。小さなときから貝塚が近くにあって、あれで歴史が好きになった。といって本など買ってもらえません。毎日地図ばかり眺めとった。それで土器や黒曜石やら拾っていました。

あの頃長崎は遠かった。福岡まで船に乗り、そこから汽車で行かんならん。帰りは福岡で一泊、昼過ぎの船で厳原に着くとまた一泊、二泊三日かかったね。考えたら下関まで行って夕方の船で釜山まで船中泊して、釜山から比田勝に来たほうが早かったね。気がつかんかった。

釜山は日本の植民地で同じ国のうちだったから、病人が出ると厳原でなく、船で釜山に運んだ。姉がおりましたから、私は戦前何度も行っとります。

この海はよく人が行き来した。物と金を交換すれば商人だが、奪えば海賊です。両方兼ねているのもいて、鎌倉時代にも対馬の悪徒が高麗使の前で九十人も首を切られています。

室町時代は対馬がよかった時代で、宗家が倭寇（わこう）を鎮めつつ李王朝と平和貿易に活躍しました。ところが豊臣秀吉の朝鮮侵略で貿易はできなくなり、島の男たちは労役と戦争に使われて、人口が激減した。江戸時代は有隣外交で安定していましたが、銀山は元禄のころからだめになりましたなぁ。

明治に入っても、対馬に文明開化はなかった。警備隊司令官が対馬島司を兼務したような軍用地、日本の最前線基地で軍事上必要でない開発は許されず、市町村制も先送りされた。島民は砲台作ったり、陣地作ったりのもっこ運び。軍事公共事業ですなぁ。いまも昔も同じことやっとる。それから解放されたのは日韓併合で前線が朝鮮半島に移動したからよ。

対馬はなぜ福岡県じゃないのか？　よく聞く質問ですなぁ。廃藩置県後はまず厳原藩で明治四年に厳原県になった。同年すぐに今度は佐賀の伊万里県、それも何カ月かで、翌年には島は全部長崎、半島部は佐賀と分けた。佐賀は島の文化を失ってつまらなくなりました。

日韓併合後の植民地時代、長崎の藤松という議員が、対馬は朝鮮総督府の管轄に置いたらよかろうとまで言ってる。それほど厄介者だったわけです。

済州島は韓国か、というとあそこの知識人はそうじゃないといってる。対馬は「魏志倭人伝」に出てくるから日本。身体短小にして言葉は韓国に同じからず。衣服は上あって下なし。これは漁民の特徴です。それにしても長い間、九州本島からはずいぶん差別された。それは政治犯を流したからで、それだけに優秀な反体制の血が対馬には流れている。

私が子どもの時分、四月頃になると、済州島から海女たちがよくワカメを採りにきました、旧暦の三月ですね。済州島では男が畑仕事をし、女が潜る。対馬では反対です。男が潜って女が陸で暮らす。

集落には朝鮮の人もたくさんいました。山子ですね。村の中で炭を焼く。日本人に使われて。小学校のクラスにも一組に何人かずついた。あの人らは帆船で神戸や大阪に移っていった。電気は九州電力で割と早くにつきましたが、時間によって点いたり点かなかったりしました。

私は二十歳で徴兵検査を受けましたが、兵隊に行く前に故郷志多留の小学校の教師になりました。どうせ兵隊にとられるのだからその前に親孝行をしておけというのが係官の温情でしたね。あの最初に教えた生徒は優秀でしたね。

それから昭和十六、十七、十八と三年間は軍隊です。なんで陸軍の幹部候補生にならんか、といわれたけど、私は海軍のほうが好きだったのでそっちへ行った。軍艦の名前なんか、子どもの頃みんな覚えていた。

択捉島、ハワイ、南太平洋、マレーシア、インドネシア、おかげでずいぶんただで旅行させてもらいました。ミッドウェー海戦のときは航空母艦に乗っていた。海軍は砲術の優秀な将校が多く、私の場合、私的制裁を受けるなんてことはいっさいありませんでした。上官に恵まれて九死に一生を得たわけですよ。

私の乗っていた飛燕という船の船長は、いよいよだめだとわかると甲板に総員招集をかけ、『船の命運は決まった。諸君はしかし生き延びていま一度、お国にご奉公してくれ』といって船外退避を命じました。それで私たちは駆逐艦に助けられて呉の軍港に戻ってきました。そうしたら倉庫のような所に押し込められた。それというのも大本営発表は勝った勝ったですから。負けて帰った乗組員を外に出すわけにいかなかったんでしょう。

徴兵満期除隊は昭和十八年、普通なら当時やめられないんですが、教員と技術者は除隊できたので、また志多留にもどって教師をつづけたわけです。

戦後の二十三年に東亜考古学会の調査があって、京大の水野清一先生が来て、その案内と発掘作業を手伝いました。夜はいろいろ話を聞く。いい勉強になりました。

それから二十五、二十六年に、八学会、九学会連合の学際的合同調査があって、それにも同行して勉強しました。なんせ対馬には文明開化はなかったので、まだいろいろ残っておった。宮本常一先生が来られて島の生活を調査されたのもそのころですね。あの人は本当に人の話を引き出すのがうまい。自分も山口の周防大島の生まれだから、島の人の気質をよく心得ている。うーん、確かに聞きながら、あなたのようにメモを取ったりはしなかったな。みんな覚えて帰って宿で聞いたことを整理したのでしょう。

私の継いだ永留の家は海神神社の社家でした。いまその家は長崎にいる相婿の古屋という、長崎の校長会会長まで務めた男が継いでいますが、あのへんは満潮のときは潮がずうっと上まで上がるからそれで、苦労したとよ。

あのころ、佐須名(さすな)から釜山まで十ノットの船で三時間半くらいかかっとよ。『二、八月の手のひら返し』という言葉がある。あっという間に天候が変わる。船頭泣かせといったもんで、私らにとって船頭は気候をみることのできる偉い人でした。

とにかく大正九年に日本がはじめて国勢調査をやった時には、対馬五万八千、済州島が十一万人いたわけですが、いまは対馬が四万人、済州島は六十万もいます。それは済州島に島の未来を考えた人がいたからでしょう。あそこも全島花崗岩（かこうがん）で田んぼはできないし、ミカン作って、粟飯を食べとった。対馬では麦飯を食べますが。それがあっというまに韓国一のリゾートになった。

対馬は全島要塞みたいなもので、市町村制の施行が遅れました。日露戦争の激戦地になって、それから解放されたといっても砲台を作ったりして、あと半年、終戦が遅れていたら沖縄と同じく地上戦が行われていたかもしれません。そして戦後を考えるものが少なかった。このへんは農業もすれば漁業もするから、私は『海民』という名をつけたんです。税金を取られるのは農民ですが、歴史を作るのは海の民ですよ」

永留先生の話が続く。さいごに「ろくべえ」という甘藷（かんしょ）の粉で作ったそばのようなものが出た。対馬にきたかいがあった。固い握手をして先生を送ったあとも、若い人々は二次会に繰り出す。島の解放区のような、映画のセットのような居酒屋で飲む。たしかに島気質というのか、みんな酒は強いし、すぐ無礼講になって楽しいことこのうえない。対馬の役所の人が「モリさん、今度はヒトツバタゴの咲く頃においでよ」、その言葉がしみた。

＊PS．永留久恵先生は二〇一五年に九十四歳で亡くなられ、その後、「NPO法人対馬郷宿」は半井桃水「胡砂吹く風」の現代語訳を発刊、訳は永留氏の子息、永留史彦氏による。

家族のような島——奄美大島（鹿児島）

鹿児島で乗り換えて、奄美空港に着いた。

とりあえず北上して岬にあるリゾートホテル、コーラルパームスに泊まる。赤ウルメの煮物で夕ごはんを食べた。私以外は団体の年配客だ。斉藤社長が仕事のあいまにお話ししてくれる。

「私は金沢から来て十五年目です。夏になると家族のリピーターは多いんです。クワガタ捕ったり、海で遊んだり。奄美はほかの日本と違う。それがまだ磨かれていない。原石というのかな。たとえば年が下だと、よその嫁さんでもトシコなんて呼び捨て。反対に一つでも上だとヒロ兄（にい）、チヨ姉（ねえ）となる。学校で運動会なんかやると、みんな弁当もって集まる。集落が一つの家族みたいでね。

それから浜遊びがさかんです。こっちの人は日焼けを嫌がって長袖の服を着たまま、ぞろぞろ海へ入っていく。本土から来た人が、すわ集団入水かと驚いたらしいけど。幸せはすべて海の向こうから来ると信じてるんですね。本土とは違うんです。原日本人というんですかね」

翌日、笠利町立歴史民俗資料館（現在は奄美市歴史民俗資料館）の学芸員、中山清美さんが迎えに来てくれた。国指定史跡宇宿貝塚を守っておられる。

これがすごく古いジープ。ドアは閉まらない、窓はない。シートベルトは出てこない。後ろにはスコップや軍手や長靴。

「掘り屋ですから、これが一番便利です」

世俗のことに無関心な学者みたいな人で、しかも目がきれいで、土地のにおいがする。走ると風がうなった。

西郷さんにダマされた？

まず西郷隆盛が流された龍郷町へ向かう。上陸して船をつないだという松と旧居がある。西郷さんはここで愛加那という島の女性との間に二児をもうけた。しかし三年ほどで薩摩に帰る。のちに子どもは正夫人にひきとられ、愛加那さんは一人暮らしのまま、明治三十五年、六十六歳で亡くなったとある。子どもの一人は菊次郎といって京都市長を務めた。

「かわいそうな一生ですね。中央政界の大物に愛されたかしらないけど、産んだ子と引きさかれて」。私は胸をつかれた。

「そういう愛加那の視点に立った見方はいままでないです。薩摩からエライ人が来た。土地の娘を豪族の娘に直して献上し、お手がついて光栄だ、という話になっている。西郷さんは島流しになって、これからの日本をどうしようと考える時間はあったかもしれないけど、奄美のために何かしようなんて気はなかったでしょう。

明治になって廃藩置県がうまく進まず、島にゆかりの西郷さんをたよって島の若者たちが陳情に行った。すると、まず長州閥が権力を握る新政府を倒さなくてはどうにもならぬといわれ、この人たちは西南戦争でほとんど死ぬんですね。優秀な若手がごっそりですから、奄美にとって痛手だった」と中山さん。

奄美という島に目を据えると、いろんなことが見える。かつては琉球王朝に任命されたシャーマンである祝女（のろ）を通じて支配され、江戸時代には薩摩に黒砂糖などの過酷な収奪を受け、明治になってヤマトの政府に従わせられ、戦後は八年間、アメリカ軍政下にあった。

マラソンする人を追い抜いた。

「弘山晴美選手が来ています。高橋尚子さんはいまごろ徳之島を走ってるはずです」

興味がないのでピンと来ないが、ともかく車道をゆうゆうと走れるほど車が少なく、スギ花粉も飛んでないらしい。それでマラソン選手がトレーニングに来るのだ。

いま、スモモとサクラとナノハナがいっせいに花開き、山は新緑である。見たこともない風景。しかもそのサクラが染井吉野でなく濃いピンク。その向こうに青い海が広がる。

「東京の大学へ入って、白い桜並木を見たときはびっくりしました」

と島の生まれの中山さんは運転しながらボソボソいう。

「いまはサトウキビの刈り取りと、田植えの時期です」

集落はリーフ（岩礁）を前に海岸にへばりつき、前浜で漁をし、その裏側の山かげに袋田を隠している。田にキャベツの葉やミカンの皮が放り込んである。

「有機肥料ってことなんですよ」

あぜ道におじいさんが車を押し、おばあさんが草むしりをし、賑やかだ。ベトナムで見たような風景。これほど人力に頼る農業がまだ日本にあるとは。

「アカアシシギです」

指すほうを見ると、田んぼに長い脚の優美なシギがいた。あ、ルリカケスですと中山さんは運転しながらも目がいいが、東京者の近視眼ではなかなか見えない。

アマミノクロウサギ、ルリカケス、ヤマシギと多くが天然記念物に指定されている。沖縄にはもういなくなったリュウキュウアユも。——こういうところこそ観光化せず、環境に対してローインパクトなエコツアーをやるといいですね。

「沖縄の観光客は年間三百万人、奄美は年間たった三十万人ですから。沖縄から来た人は故郷に帰ったみたいだと喜びます。ただエコツアーの名でクロウサギを一匹見せたらいくら、みたいになって巣の近くまで入ったり、困りもんです」

「ひさ倉」で鶏飯をいただく。地鶏を細かく割いて、椎茸、錦糸卵、海苔、しょうがとともに御飯にのせ、いい香りのつゆをかけた奄美名物。大好き。それから笠利に戻り、国指定文化財である泉家住宅、薗家庭園、国指定史跡の宇宿貝塚、県指定の城間トフルという墓地など、訪れた某町の議員さんたちと合流して見た。

役場の女子職員が「清兄イ！」と叫ぶ。なるほどね。

「奄美ではよみがえるために埋葬を嫌い、魂が出入りできるように山に横穴をあけてお墓にしています。江戸時代以前のものです」

視察団を前に清兄イの説明がつづいていた。

その夜、紹介された写真家の浜田太さんにクロウサギを見に連れて行っていただいたが、見る事はかなわなかった。太古の森の夜、そこにいただけでこころが満たされた。

神さんは怒っとるよ

夜、名瀬（なぜ）のビジネスホテル「ビッグマリン奄美」で爆睡。

翌朝の朝食は焼きたてのパンとコーヒー、サラダでおいしかったが、なにせビジネスマンばかりで煙草の煙もうもうである。

今度は名瀬市（現在は奄美市）役所の藤江俊生さんと、小浜町のユタ阿世知（あぜち）照信さんをおたずねする。突然の訪問なのに、どうぞと二階に招じられた。

立派な祭壇がある。

「もと漁師で、ウキでも何でも自分で作ってたから、これもみんな私が作った」

運を見ていただく方が多いのですか。

「あんたには悪い運がついとる、事故が見えるから注意してねというのでは無責任ですよ。お祓（はら）いをして事故が起きないように祈らんならん」

阿世知さんのおじいさんが九魔法（くまほ）ボッコというユタで、近所の人がよく占ってもらいに来ていた。その膝枕で聞いているうち、七つくらいから神がついた。学校へ行くと気苦しいが、神社へ行くとすっと気が晴れる。だがそのことに気づかずに病気ばかりしていたのち、やっと悟って神うがみ（拝み）となった。

「太陽と水に感謝することです。それで生かされておるんだから。私もネリヤカナヤ……と神様にお願いする。岬の神、浜の神、山の神、奄美は神で満ち満ちている。その神様同士衝突もすれば、ヤキモチも妬く、あまり多くの神を拝むのも考えものです」

奄美振興法の予算などで、大切な浜をコンクリートで固め、山を切って道を通してますが……。

「それは神様の足を切り、腰を削るようなものだから神様は怒るよ。そういうときはわびてわびて、わびんとならん。自然にさからわずに生きる。浜辺の石ひとつ拾うのも、いただきますと声をかけんといかんよ」

いま自衛隊をイラクに派遣していますが、ああいうのは神様はどう思っておられるのでしょうか……。

「日本は神の国といって、いざとなると神風が吹くなんていっとる人もいたが、なに、武装して出かけるのを神さんが守るものか」

じつに明快なお答えなのである。

町へ出ると、肉屋さんの張り紙に「なつかしいレバーのみそ漬、ブタの塩漬」とある。同行の町職員藤江さん、

「ばあちゃんちでは豚を丸ごと一頭つぶしてました。一月に浜で殺して、火であぶって、海水で洗い、塩漬けにすると一年間保つんです。親戚で分けてね。最近は保健所もうるさいので家ではしませんが、昭和三、四十年ごろの子どもには原風景ですね」。

町をぬけ、キラキラ光る海沿いを走る。

途中、環境省の奄美野生生物保護センターへ寄る。レンジャーの阿部慎太郎さんが実験室から出てきてくれた。

「奄美はハブやマラリア原虫、フィラリア線虫などの害虫のあと、研究が停滞していて手つかずの分野があります。いま研究しているのはマングース。ハブ撲滅のために持ち込まれた外来種ですが、なんといっても増えすぎました。天然記念物のトゲネズミやヤマシギまでどんどん食うので、今度はマングースの駆除ということになった。マングースだって

生き物です。持ち込んでおいて今度はその命を奪うんだから、人間ってゴーマンなものだと思いませんか」

　矛盾の中で淡々と研究をつづけている。中山さんの紹介で藤江さん、さらにその紹介で阿部さん、と芋づるをたぐるように大和村から宇検村へ。そこにも元田信有さんというすてきな職員がいた。

「いまは伝統芸能の八月踊りをビデオで収録している所です。奄美では行事はすべて旧暦で行われ、月の巡りのまんまです」

　古仁屋（こにや）に着いて四時、郷土史家の徳永茂二さんを訪ねると、突然の訪問なのに、家に上げてくださった。戦時中の空襲について聞く。東郷元帥が明治の終わりに来たこと、昭和天皇の演習のこと、海軍の配置や爆撃のこと、話が尽きない。加計呂麻（かけろま）行き五時半の最終船は出てしまっていた。六時半、港から水上タクシーをやとって乗る。タクシーといっても漁師さんの船である。

　天然の軍港と言われた大島海峡。加計呂麻で出撃命令を待っていた島尾敏雄のこと、栃木生まれで東京美術学校に入るも五十歳で奄美に渡り、大島紬の染織工をしながら自分の良心の納得ゆくままアダンやガジュマルの絵を描いた田中一村のこと、あれこれ思う。中山清美さんの声がよみがえる。

「田中のじいちゃんは、遺跡の実測図をもってったら、『書生さん、コンパスで測ったような、まるで本物みたいな絵を描くんですな』といっていました」

「絵を描くじいちゃん」の三回忌にみんなで遺作展をやったのが、田中一村が世に出るきっかけだった。

大島海峡、島々が濃淡に重なり、海はあくまでもしずかだ。「マリンブルーかけまろ」に投宿、海に面したバンガローに案内され、目の前の海がまっ暗になるまで一人で見つづけた。

「私もやっとここまで来ました」

誰に報告してよいのかわからなかった。

181
181

いつもどこかで雨が降る島——屋久島（鹿児島）

その晴れやかなのに驚いた。

「屋久島」というと、林芙美子原作・成瀬巳喜男監督の映画『浮雲』のイメージしかなかった。どうしようもない男とどうしようもない女の落ちゆく先、雨がじとじとと降っている南方の島。

「年の三分の二は雨なんですって？」

と聞くと、島の人はすかさず

「いや一年中、どこかで降っています」

と答える。しかし、上がるのも早い。島のどこかでは快晴。

屋久島はまるで、お皿にのせたスポンジケーキみたいである。お皿のふちが平地で、人はみなそこに住み、ミカンをつくり、サバやトビウオ漁をする。ケーキの部分は地盤が固い花崗岩。深い森で、宮之浦千九百三十六メートルは九州の最高峰。ときに雪が降るという。

が、いま走っている海岸線にはハイビスカスやブーゲンビリアが咲き乱れ、熱帯の汽水域に生えるマングローブも見える。樹種でいうとヒルギ。

亜寒帯から亜熱帯までの植生が一挙に見られる、というのが屋久島の魅力らしい。

その深い森に降った雨は、しみ込まずに花崗岩の上を流れ、滝になり、海へ落ち、魚を育てる。

仙人の箸をつくる

まずは天気の変わらないうちに滝を見にいこうということになった。

千尋の滝、これには近づけない。海側の崖上から見るしかない。しかし、大川の滝には滝壺の真下までいける。台風一過、青い空に水量が増えた真っ白な水が地響きを立てて落ちる。霧のように水しぶきがかかる。さながら森が吐く息のようだ。落下にあわせて目を動かすと、飛沫の一つ一つが立体的に見える。これはおそらく私の生涯見た中で、イタリア・チボリのカスカータ（滝）と比肩する見事な滝だろう。

　心ゆくまで眺め、さらに先へ進もうと思うと道がなかった。西部林道は台風のあと通行止めになっていた。くるっといま来た道を帰るしかない。


　屋久杉に興味があった。学生のころ、アルバイト館員としてずっと仰いでいた東京・谷中朝倉彫塑館の天井には、屋久の千年杉の板が張ってあった。障子の腰板もそうである。

　空港近くの「杉の舎」に屋久杉工芸家の中島政信さんを訪ねた。「仙人さんの箸」を提案しておられ、ご本人もジーパンにひげもじゃ、バンダナをまいた仙人的風貌である。ただし目が柔和、ゆっくりと話す。

「かつては薩摩藩に屋久杉を平木に割って納めさせられていました。たくさん積み出すと、薩摩は米や砂糖で返してくれた。いわゆる千年杉という原生林はそのころずいぶん、切られてしまった。まだ、その切り株が残っています。腐っていないのを営林署に頼んで下ろしてもらう。これで私はお盆から卓までつくっています」

気が遠くなるような話であった。屋久杉が脚光を浴びたのは、大正の民芸運動のころ、河井寛次郎や柳宗悦らによる。まだそのころは天井板、ふすま、腰板としてであった。彫塑家、朝倉文夫が谷中の邸を建てたのもそのころ。建材ではなく、工芸品に注目が集まるには、東京オリンピックを待たねばならない。

「私が子どものころはまだ木は森で切るものでなく、海で拾うものでした。台風のあとはみな浜に出る。一年分の薪を拾いに。そんな流木にいま誰も見向きもしません」

「仙人さんの箸」は年を経た屋久杉の根っこをなたで割る。根はさまざまな表情に割れる。その形を生かして、先をのみで削り、茅（かや）の根を束ねた〝うずくり〟で磨く。私もやってみたが、木肌が見事なつやを出し、いい香りがたちこめた。それでも千年以上生きている「老人」は、五十年しか生きていない私のいうことをなかなか聞いてくれない。

「屋久島は森の恵み、木と水に尽きます。いま、千年の森と対話しているんです」

使うたびに千年のいのちを実感することになるだろう。

夕方、いなか浜の宿「送陽邸」にいたる。島の古い家を自分で移築して九部屋の民宿をつくった。石置き屋根である。

「屋久には瓦をつくる工場がない。昔はみんな杉の木っぱで葺いとったけん。その上に石置いてな。雨のことを考えると、もうちっと勾配があるほうがいいんじゃが」

とご主人。送陽邸、その名のとおり、入り日がごちそうだ。海に面した木組みの、露天風呂ならぬ露天食堂だ。いや、刺身、なまりぶし、エビの味噌汁も美味。それにしてもなんといごこちのよい空間だろう。風が吹き抜ける。星が見えてきた。おながくちくなってハンモックに揺られていると、ご主人の話が耳にひびく。

「わしが子どもんころはカツオ漁が盛んで、このへんは屋久でいちばん栄えとったよ。大正時代に九電（九州電力）から電気をひっぱって、もう電灯がついとったよ」

屋久島にたどり着いて定住した山尾三省に「詩をつくってちょうだいよ」というと、「永田いなか浜」というのをつくってくれた。それが飾ってある。

「昔は青年になると、必ず屋久島を歩いて一周することになっとった。知り合いのところに一泊すると、それをシマイトコと呼んで一生仲良くしたんじゃ」

とご主人はいう。ここへ来ると落ち着く、という人の気持ちがわかる。星を見飽きてこんこんと寝た。

深い森で縄文杉と会う

二日目。九時半に「屋久島野外活動総合センター（ＹＮＡＣ）」へ。宮之浦の中心街にあるエコツアーの会社である。今日は白谷(しらたに)雲水峡へ入るが、やはり山を傷めないため迷わないため、ガイドを頼む方がいい。目の大きな、きゃしゃな鷲尾紀子さんは神戸出身。パイロット志望だったが、カナダで自然観光ガイドにめざめ、屋久島をフィールドに選んだ。

ひとしきり島の地理についてレクチャーを受けた後、車でまず標高六百メートルまで登る。亜熱帯の植生が、ツバキやシイの照葉樹林に変わる。長靴に防水ジャケットを着、弁当を携える。そこから藩政時代の古い楠川(くすかわ)歩道を登っていく。観光客の少ない道だ。

「歩くこと自体が目的ではないので、足元だけ見ないで、空も雲も森も見てください」

と鷲尾さん。日頃、体を鍛えてないし、健脚向きの縄文杉コースではなく、今日は一日かけてこの森で遊ぶ。鷲尾さんはルーペや植物図鑑を持ってきている。

「この赤い幹の木がヒメシャラです。海岸沿いで見られるクワズイモは救荒食物ですが、まずくて胸やけがするらしい」

そういえば、サトイモのバカでかいような葉っぱがあった。

「ホトトギスが鳴くとき、東京では〝てっぺんかけたか〟といいますよね。こっちでは、〝とっぴょとれたか〟。とっぴょはトビウオのことです」

屋久島は屋久サバとともにトビウオも名産だ。そんな話を聞きながら、ゆっくりゆっくり登っていく。森は湿り、雲行きがあやしい。

屋久杉がぬっと立っている。初対面。

「厳しい環境なので、直径は年に一ミリも育ちません。藩政時代に切り出した杉も、根はこうしてまだ残っています。エッセンシャルオイルで殺菌防備しているようなものだから、腐らないんです」

そこから屋久杉がつづく。ウロのある木も宿木（やどりぎ）が茂る木も、表情は千差万別。

雨が来た。やっぱり島のどこかでいつも雨が降る。私たちは木のウロに雨宿りしながら、弁当を食べる。鷲尾さんがルーペで見せてくれたシダやコケ類。水滴をつけた緑の世界はなんとも美しかった。鷲尾さんはいとしそうに、どんな植物も「あの子たち」「この子は」と説明する。

山を下りて、港に近い川沿いの道を歩く。よく見ると宮之浦にも古い集落がある。今宵は長井三郎さんちで「飲ん方」、いわゆる飲み会があるという。近所の人たちが手料理を持ちよる。集まりきったころ、長井さんがお風呂から上がって悠然と登場。明治十年築の杉材民家の座敷で飲めや歌えの大騒ぎ。というのも、この家の主(あるじ)がバンドリーダーであるからで、今日は二枚目のＣＤができた打ち上げの会である。

長井さんは資料館勤めのあと「晴耕雨読」なる素泊まり民宿をはじめた。「昔からひと月のうち山に十日、海に十日、野に十日といったから」と島の子どもたちと「山の学校」で遊んでいる。

「子どもんときは海で泳いで、魚を突いた。何もしないで暑い砂浜でただ海水浴する気がしれんなあ」という。

島に嫁いだ嫁さんたちも「ここはタテヨコナナメのつきあいがある」「屋久島タイムでのんびり」「水と空気がおいしい」「エバ（ギンガメアジの幼魚）と塩ラッキョはここへ来てはじめて食べた」と口々に島暮らしを謳歌してくれた。

トビウオ漁とサバ漁

三日目朝。

民宿「四季の宿・尾之間（おのあいだ）」。昨夜は帰ったのが遅く、ゆっくりお話もできなかった。ご主人はモッチョム岳の見える庭でせっせと草むしり。

「私ら移住組ですが、気持ちいい島です。人も自然も。三カ月、半病人状態だった花粉症がまったく出ません。ただ自然は手ごわい。草を抜いた後ろから追っかけて生えてくるんですわ」

にこにこと見守る奥さんはいう。

「主人は建築の現場監督をしていて、朝早く出て夜遅くまで帰らなかった。なんのために生きているの、このままでは死んでしまうわよ、といったんです」

「移住したら、土地が広すぎるので民宿をはじめました。幸い三番目の子が来てくれて、安房（あんぼう）のお嬢さんと結婚して、孫が生まれたばかりです」

屋久島はゆるやかな家族再生の場にもなるらしい。

屋久島というと森と千年杉ばかりが目立つが、安房にはトビウオ漁の、一湊（いっそう）には首折れサバ漁の港がある。安房の風人丸の船長、田中実さんはまだ若く、東京の人だ。

「自分は渋谷区の生まれで、はじめ旅行で来て、そのまま網子として手伝っているうち面白くなった。二つの網船で網をひろげてトビウオを追い込んでいくんです。毎日どこに魚が出るか誰も知りません。船で走るとピョッと一尾飛ぶ、おっ、ここにいるかと思うと一尾だけだったりして、賭けみたいなもの。獲れたては刺身に酢醤油でイケます。つき揚げ（すり身の揚げ物）にしてもおいしい。みんなで端数も均等にわけて午後二時半には家に帰れます」

中古の船を買って船長になった田中さん。途中二年、嫁探しの旅に出て、小笠原で島育ちの女性を嫁さんにした。ご両親も移住し、畑をやっている。

「屋久島といえば縄文杉。でも自分ら漁師に観光は関係ない。逆に観光に来る人に、僕らの仕事は見えないかもしれませんが」

精悍な人生、淡々と駒をすすめている感じである。

吉田という集落を過ぎると、またいなか浜。ここに柴鐵生（てっせい）さんの「屋久の子の家」がある。柴さんは昭和十八年生まれ、東京の大学に学んだが、昭和四十五年、屋久杉の原生林保護を目指して帰ってきた。

「縄文杉が発見されたのは昭和四十一年です。そのころはまだ杉を切っていた。何千年もの命を経た杉の木を切ってよいのか、と全国各地で声が上がり、学生だった僕も東京で署名を集めました。でもいくら外で運動をしても島の人には伝わらない。帰ってきて、杉の伐採現場ではなく、森の奥深く入ったとき、すごいと思った。この森は残る、と」

屋久島は世界遺産に登録され、千年杉の保護はいまや動かしえない自明の理になった。それを見、触れたいとやって来る人もどっと増えた。しかし柴さんは観光の島にはしたくないという。ふつうの暮らしに立ち戻り、いま十一歳の嶽詣（たけまいり）を復活しようとしている。

「嶽詣の月やど！」「オー、よか天気やっど」というと、母親が四合分のおにぎりを葉につつんでくれ、毛布や衣類を風呂敷にくるんで永田岳をめざしたものだという。それは男の子が一人前になる通過儀礼であった。

「屋久島の伝統や知恵はすべて山から下りてきた。山への畏れを取り戻さなければなりません」

粛然とした。体を鍛え、いつか森の懐に立つ縄文杉をめざしてみたい。

【旅の名残】

屋久島というと思い出すのは、詩人で随筆家であった、というか生きることを問いつづけた山尾三省。二〇〇一年に亡くなったが、以前、「ほびっと村」の野菜を届けてもらっていたころ、野菜と一緒に本もすすめられ、『聖老人』『縄文杉の木蔭にて』『回帰する月々の記』など、生前に出た何冊かのエッセイを大切に読んだ。バイオリージョナリズム（生命地域主義）というのは、私にぴったりくる。『ここで暮らす楽しみ』という本のタイトルもいいなあ。

屋久島に行って三省詣でをしようとまでは思わなかったが、弟さんの経営する鯖節ラーメンというのは食べて、おいしくて、その店に三省さんの本もあったので買ってきた。そして東京に帰って、朝鮮問題の本を出し続ける新幹社の高さんが連れて行ってくれた白山の居酒屋、そこの主人もなんと山尾三省の別の弟さんだという。しかも彼は私の雑誌『谷根千』を置いてくださった「障がいをもつ子どもたちの暮らしを考えるこもん研」の中心メンバーであるとは、いくつもの偶然に驚いたことである。

心がまあるくなる島——喜界島（鹿児島）

喜界島、名前は知っていたけれど、どこにあるかはわからなかった。

鹿児島空港から三十六人乗りプロペラ機で一時間ちょっと、ついた飛行場は金網が張られ、ごく小さい。私の知っているのではインドネシア・カリマンタンのパランカラヤ空港みたい。お盆で帰って来る人を家族が笑顔で出迎える。奄美大島の東にちょこんとある隆起サンゴ礁のこの島に九千人が暮らす。前は鬼界島と書いたのではなかったかしら。平家を倒そうとの陰謀が漏れ、ここに流されて一生を終えた俊寛の墓と称するものがある。島は段丘をなし、ガジュマルやアダンが葉を広げ、サトウキビの畑がどこまでも広がる。

阿伝（あでん）とか小野津（おのつ）という集落に、見事な石垣が残っていると聞いて、民宿のおじさん、田中勧助さんを案内役にたずねてみた。七十代というのに身も軽く、すたすた歩く。

「海から拾ったサンゴ礁の石だよ。昔は馬を浜辺に放牧に行った。エサをやらんですから。そのときに一つ二つでも、重い思いして石を運んできたもんです」

石垣積みのプロ、平田隆雄さんが迎えてくれた。

「下で厚さ一メートル、上で五十センチ、台形に積む。石には顔があるよ。顔を外に向け、どの石ならピタリと合うか、目と勘でどんどん積んでいく。内側にぐっと力がかかり、ちょっとやそっとじゃくずれやせん。面積で、そう一平米の手間賃は一万三千円くらいかな」

集落に車が入れるように道幅を広げるために、石垣の積み直しをあちこちでやっている。昭和三十年代からはブロック塀が使われはじめ、また石垣にコンクリートをつめて固定する家も現れた。「こうなると味がないよねえ」と田中さんは嘆く。

つるがからんで石垣とは見えないほど緑化した石垣もある。「百年はたっとる。こうなるとハブが住むんだが、幸い喜界島にハブはいないから」。奄美列島のうち、島をジマと濁る島にはハブがいないのだという。

「昔は醤油、味噌、豆腐も自分たちでつくった。家も、高床の倉も石垣も家族総出でやった。つくり方を知ってるのもわしらが最後じゃろう」

夜、田中さんの家で六十年という年季のはいった三線（さんしん）をきく。大正の末年生まれ、お父さんも大工で、成績が良かったから学校の先生になれといわれたが、それがいやで大工になった。いい家をたくさん建てたし、いい弟子も育てた。あとは海釣りや三線で遊ぶのさ。「むかしはカライモと豆が主食だった。夏で体がだれたときはヤギのスープを飲むとふしぎと治るもんだよ。ブタは正月に各家でいっせいにつぶしよった。冷蔵庫もないころで、塩漬けにして一年、少しずつ食べたよ」と、とつとつと昔話がつづく。

次の日も石垣の家に住んでいる人に聞いた。
「台風に備えてじいちゃんとおやじで三十年前につくりました。一年ではできん。四年くらいかけて積んどった。ハンマーやバールで石を砕いてね。こうして見れば強い石か、いい石かがわかる。ブロック塀とちがって積み直しが可能でしょう」と吉沢成典さん、石を割って見せてくれた。

機織りをしていた藤元セツエさん、「石垣は涼しいよ。近所の西さんちの子どもさんは東京に住んでるけど、じいちゃんばあちゃんが難儀して積んだもんだからって石垣は壊させないのよ。島の人は心がまあるい。カギ閉めなくても何も心配ないの」。

こんなふうに芋づる式に紹介されて、大野さんちに行く。九十一歳のおばあさんが遊びに来ていた。とりとめのないおしゃべりをして、別れぎわ「さようなら元気でね」「東京のみなさまによろしくね」と送られた。なんだか心がまあるくなった。

さらに田端さんの家に行くと、庭に育った木の葉に天然記念物のオオゴマダラチョウが羽を広げて止まっていた。さしわたし十五センチもある大きな蝶だ。息をのんで見つめる。そのさなぎも輝いてきれいだった。

夜は上嘉鉄（かみかてつ）小学校の校庭に、やぐらが組まれ、六月灯（ろくがつどう）の夏祭り。鹿児島の夏の風物詩だ。島人は皆思い思いのご馳走を持ちより、ゴザにすわって焼酎を振る舞う。「あんた、飲まんね」となみなみ注がれ、お重も差し出された。気持ちよくなって、踊りの輪に加わる。六調という古い舞い。少しかなしい節回しだった。

島では水が大切だった——竹富島（沖縄）

石垣島の離島フェリー三番乗り場から白い小さな船が出る。めざす竹富島までは十五分。何年ぶりだろうか。到着した桟橋ではビール、コーラ、スナック菓子、卵をはじめ離島に必要な食料品や新聞が降ろされた。この船が物流の命綱だ。冷夏というのに沖縄は空青く、海青く気温は摂氏三十四度。

十五年前に、幼児を夫に預け、私は竹富島で開催された第十一回全国町並みゼミ（一九八七年）に参加した。そのころ私は東京の都心の古い町・谷根千の町並み保存に関わりだしていた。どう守るのか、その方法を学び、全国の仲間の励ましを受けようと参加した。竹富島が全国で二十四番目の重伝建地区に選定されたのを祝う意味もあって、ここで開催されたのだが、その頃、八重山諸島ではリゾート開発が問題になっていた。小浜島にはヤマハの「はいむるぶし」（南十字星という意味。現在は三井不動産リゾートが運営）、石垣島に「ヴィラフサキ」（現・フサキリゾートヴィレッジ）ができ、竹富島でも開発業者が土地を狙っているともいわれた。

そんなことを思い出しながら、栈橋を降りると民宿内盛荘のお嫁さんが出迎えてくれた。織物の勉強に来てそのまま嫁いだという。

なつかしいサンゴ礁の低い石垣、素木に赤瓦をのせた家々が続く。集落内の道はまだ白い砂道で、南国特有のまぶしいほど濃い緑に、赤い花、黄色い花、蝶がまとわりつく。内盛荘は満員だった。「昨日まで相部屋だったんですよ」とアルバイトの女性。彼女もここのお母さん、スミさんに織物を習いに来て長期滞在中。やや暗いが落ち着く四畳半を占有できて満足。

西塘さまが島をつくる

砂の道を踏みしめ、集落を探検しながら、まず喜宝院蒐集館の上勢頭（うえせど）芳徳さんを訪ねる。

上勢頭さんは長崎の出身だが島の女性と結婚して、いまや竹富島のスポークスマンとなり、町並み保存の会合には遠路をいとわず参加している。内地で何度も会った。

「どうです。十五年前より島はずっとよくなったでしょう」と自信満々だ。伝建地区に選定されて以来、国や県の予算がつき、老朽化した赤瓦の家は修復され、住み心地もよくなっているらしい。竹富島では母屋をフーヤといい、台所などは別棟でトーラという。石垣を巡らし、門から入ると目隠しのマイヤシと呼ばれる石積みがある。

上勢頭さんの説明によると、竹富島は、北緯二十四度、東経百十四度、年平均気温二十四度、年間降雨量二千四百ミリあまり、最高標高二十四メートル、二十四番目の国立公園、そして伝建地区には二十四番目、と二十四づくしで覚えやすい。

「ずいぶん前、小中学校合わせて児童生徒が二十四名ってこともあったんですが、このところ離島としては珍しく人口が増えて、いまで三十数人、秋までにあと四人赤ちゃんが生まれる予定です」。人口三百十九人の島では、一人二人の人口増も喜びにつながる。

「離島で人口が増えているところなんか全国でもないでしょう」

翌朝、風の吹く縁側で、東京で郵便局に勤め、帰郷後、郷土史の勉強を始めた阿佐伊孫良さんに島の歴史を聞く。

竹富島は十四世紀には独立した首長国だった。当時のことは文献にはないが、一三九〇年頃に琉球国の附属国となり、中国、南洋、日本と通商を行う。その昔、八重山にはイリキヤアマリという神がいて、火食や農耕を教えたとされるが、一四八六年、琉球王国の黄金期をつくったとされる尚真王はその祭事を禁止する。

少し下って、この一帯はオヤケアカハチという族長が治め、宮古島と対立したが、これを鎮圧しようとして一五〇〇年に大里大将が首里の王府からやってきた。そのとき、竹富島にいた西塘（にしとう）という少年の非凡の才を認め、首里に連れて帰った。この人はのちに建築と都市景画に長じて首里城の石垣や園比屋武御嶽（そのひゃんうたき）を築いた。

これが竹富島で祀られる西塘様である。彼はのちに竹富島に錦を飾り、カイジ浜に蔵元と称する政庁をおき、この辺りを治めた。これはのちに石垣島に移されたが、いまもカイジ浜にその石垣積みがある。それは不思議な叙事詩を聞いているような感じだった。

「西塘さんが連れて行かれた時、少年だったという説と、結婚して子どもがいたという説がある。首里から奥さんを連れて来たという説もあるがよくわからない。島の人の願望もはいっているかもしれません。琉球王府は長い間、薩摩の支配下にあり、竹富島も過酷な人頭税の取り立てを受けました。ずーっと竹富は昔ながらの厳しい暮らしを続けていた。

明治維新が起きたって、天皇が何かわからんし、首里の王様が一番偉いと思っておったので、中国につくべきかヤマトにつくべきか、本気で論争したほどです。明治二十五年に政府が分教場をつくったときも。島民はたまげて、学校は入らん、子どもは労働力だから行かさんと、抵抗しました」

と阿佐伊孫良さん。いま美しい屋根の赤瓦も藩政期はかたく禁じられ、明治二十二年までは茅葺き以外建てられなかった。

竹富島へ来る観光客の数は年間十万人を超え、夏の民宿は満杯、Uターン、Iターンの人も多い。それだけここでは食べていけるということだ。ちょうど北海道出身で竹富の歌謡に惹かれた若者、稲垣孝憲さんが来ていた。

「芳徳さんの奥さんの同子(ともこ)さんほど、竹富の歌謡や踊りの技術や心を伝えている方はいません。少しでも吸収し、後に伝えるために楽譜や映像に記録したい。生活は水牛車観光ガイドで、かみさんも内地者、今度子どもが生まれるので人口増加には貢献しています」

観光といっても、宿泊施設は民宿十軒ほど、そのキャパシティ(宿泊可能数)は知れている。ほとんどは石垣島に泊まってフェリーで日帰りで立ち寄り、水牛車で一時間ほど島をめぐる団体ツアーの観光客だ。

「うまくしたもので、午前中に西表を見て午後竹富。その逆コースもあって朝から夕方までは水牛車のお客さんはひっきりなし。一日七百人にガイドしています」

試しに稲垣さんの牛車に乗ってみた。牛のヒロ坊は自分の回るべきルートを熟知している「オートマチック車」。稲垣さんの説明は短いながら歴史を踏まえ、ユーモラスでもあった。最後に正調「安里屋ユンタ」を三線で歌う。三十分千円。これは琉球王府の役人のいいなりにならず、死を選んだクヤマという誇り高い女性の悲劇である。

民家すれすれをひっきりなしに牛車が通って沿道の民家から苦情は出ないのかしら。竹富に泊まらず通過するだけの観光客は島に何かをもたらすだろうか。島のよさがわかるだろうか、とも考えないわけではない。ただ、観光立島が徹底しているのだろう。観光によってお金が落ちる人、落ちない人の差を埋めるため、牛車一台年間に一万円、民宿はいくらというように観光税のようなものを納める。それが総額百三十万円。それで公民館活動費の半分をまかない、残りを全世帯に割り当てるというシステムを十七年前から行っている。

昔は貧しいサンゴ礁の島

いまは夢のように美しい島だが、その歴史は苦難に満ちたものだった。明治四十年生まれ、もうすぐ九十七歳、マンダラー（本島ではカジマヤーという）という年齢のお祝いを迎える民宿大浜荘の大浜太呂さんに聞く。

「明治三十五年までは本土の政府による差別的な人頭税があって、父はそのために穀物をつくっていました。西表島に土地を借りて小舟で通って、行きは一時間半ですが、帰りはへたすると六時間かかる。西表のすぐ手前の由布島に小屋を建てていわば単身赴任でそこで寝泊まりして。女の人も人頭税のためにせっせと布を織ったんです。

私の子どもの頃も貧しくて、島では大麦、粟、小豆と野菜。サンゴ礁の島で米はできませんから、まず口に入らず、サツマイモを食べていました。それもならないときはソテツの実を食べて、あれはあく抜きせんと毒で、ずいぶん死んだんですわ。ソテツ地獄といってね。うちも家族が次々に病気で亡くなって、私は十七歳で天涯孤独になってどうしたらよいかわからなかった。一人で漁をしては獲れた魚を天秤棒で担いで売りましたが、売れなくて声をあげて泣いたこともありました。どうにか金をこさえて茅で屋根を葺いたが、風がひどくて屋根ごと飛んでしまったこともあった。よくまあ、こんな家に嫁さんが来てくれたものです」

学校の近くに住み、隣の重文の家の世話をしている古堅（ふるげん）セツさんの話。

「まあ、ハブは出るけど住み良いですよ。水がないのが一番せつない。昔は井戸水を汲んでカメに貯めるのは子どもの仕事。水は命。血の一滴くらい大切にした。戦後石垣島から船で水がまいりました。リヤカーで運んで各戸に配給したんですよ。昭和五十一年からは石垣の水を海底送水で分けてもらっていますけど。昔の苦労が抜けないからね、本土の人に水のことはわからないね。観光客が平気で水道の水でジャブジャブ顔洗ったり洗濯するのを見ると、これは飲料水だから井戸水の方を使ってよと言いたくなります」

島内には西と東、仲筋の三つの集落があり、ほぼ中央に竹富島の偉人、西塘さまの御嶽(うたき)の杜や水道記念碑、人頭税廃止百年記念碑がある。よい話も一つある。この前の戦争中、八重山には本島のような悲惨な地上戦もなく、爆弾・焼夷弾も落ちなかった。

「こんな何もないところに爆弾落とすだけ無駄だと思ったんでしょ」と民宿の女主人内盛スミさんはあっさりいう。

それでも米軍機の機銃掃射はあり、それを避けるためにサンゴ礁の石垣が役立ったという。アイヤル浜に米軍兵が降下し、捕虜となって石垣島まで連行されたという話も聞いた。とはいえ、他の島では軍の命令で山の中に移動させられた島民がマラリアやハブで多く命を落としたなか、竹富島では兵隊となって島の外で戦死した人以外、死傷者は出なかった。

「竹富島は神様が守って下さる。明和の大津波のときからそう言い伝えられてきたの」

そのとき神様は島をそっくり海から持ち上げたというのである。島のあちこちには御嶽(うたき)という神の宿る聖なる場所があり、それぞれ集落の旧家の女性が神司(かみつかさ)を務めている。内盛家の当主の妹、正子さんも神司で、翌日に御嶽にそなえる餅をまるめていた。スミさんは言う。

「観光客で勝手に御嶽に入ってそれから調子が悪くなる人がいる。ことに男の人は拝殿の奥まで入るとチンチンが取れると、聞かされたよ」

朝から御嶽の掃除をしている人を見かける。こうした日常も信仰が生きているとともに、西塘大祭、豊年祭、七夕祭、そして一番大きな秋の種子取祭（たにどうる）などのお祭りが年を通じてある。


このような竹富の集落、建物、暮らしはなぜ残ったのだろうか。一九七二年、沖縄は日本に復帰し、そのときに将来の値上がりを見込んで土地を買いあさるよそ者が出てきた。当時、一坪三セントだったという。

これに対し、一九四九年に最南端の寺、喜宝院をつくった故上勢頭亨（とおる）氏は、竹富の歴史と民俗をしっかり記録継承する必要を感じ、『竹富島誌』を著す。その弟の昇氏は「竹富島を生かす会」をつくって、「金は一代、土地は末代」、島を本土資本から守り、土地を売らないようにと諭して回った。はじめは自分の土地だし建物だから、好きにしてもよいではないかと反発もあったが、徐々にこの島固有の文化、歴史を守ろうという気運が盛り上がっていった。

「外からの応援もありました。復帰前から倉敷民芸館の外村吉之介（とのむらきちのすけ）先生は竹富の民芸や芸能の保存のため、何度も足を運んでくださいました。京大の建築史の三村浩史先生も。伝建選定の前年『売らない、汚さない、乱さない、壊さない、そして生かす』という竹富憲章が出来たんです」と上勢頭芳徳さん。

この単純なようでいて深い憲章を、いまに至るまで住民は守り続けている。新築する場合も素木（しらき）に赤瓦というスタイルは厳格に守られている。伝建地区内の民家の修繕には最高六百万円までの助成が出る。これらは毎年、公民館の町並み保存委員会で検討される。

「うちを先にやってくれ、というようなことも委員会で調整します。生活はマキやランプの時代ではありませんから、外観は伝統的でも中は近代的生活が送れるようにしないと」

浜の若者を泊めて民宿に

内地から定年後に帰って住んでいる大山祐達さんの家を見せていただく。

「昭和十二年生まれで、中学卒業して那覇の高校へ行き、神奈川へ出ました。内地へ行ってからは大変でした。私は分家の長男ですが、二十八歳で本家の相続人となり、種子取祭だけは毎年帰っていました。内地で竹富島の出身といっても、それどこ？　と聞かれるくらいでした。ハブがいるんでしょ、なんて言われたり。文化の遅れたところのように言われるのがいやでした。

ここの特徴は「うつぐみ」、助け合いです。小学校の頃、生活が大変で、海の貝を獲って売り歩いていましたが、いつも買ってくれるおばさんがいた。貝が好きなのかなと思ったら、きらいだけど、こんな小さい子が家計の足しにと働いてるのに、買わないわけにいかないでしょ、と。あとで聞いた話ですが、島の人はそうやって人を育てるんです。

父の葬式なんて、遺骨を抱いて戻ったら、近所の人がテントを張って万端調えてくれてました。喪主は座っていればいい。その後、先祖の位牌を守る巡り合わせになって、五年前に帰ってきました。そのときも島中の人のお世話になりました。うっかり水道パイプを切ってしまったら、アニキどうしたのって仕事中なのに携帯で人集めして直してくれた。

もう引退した身ですから、少しでも島の役に立ちたい。子どもたちが蚕の餌を取ろうと石垣に上って壊したのを直したら、学校からお礼に見えました。でもここは自分の子だけよければいいというのではない。どこの子も大事な島の子です。運動会をやれば観光客の子も一緒に徒競走に出てますよ。島が僕を育ててくれた、そう思います」

大山さんの家は、別棟のトーラは納屋とし、主屋であるフーヤ内の神棚や座敷のある部分はそのままにして、横の部屋をダイニング・キッチンに改造し、大変住みよさそうだった。もちろん背後には洋式トイレや風呂もついている。

「昔は風呂なんてねえ、ドラム缶に水入れて天日で昼中温めて野外で入ったものです。それも何日かに一度の贅沢。たいていは海で汚れを落としていた」と、大山さんは言う。いつまでも昔ながらの生活まで守れというのは無理なことかもしれない。内地出身の奥さんは、この島が気に入り、織物を始めている。

夜は民宿野原荘のおじさんに招いてもらった。オバァは料理上手。オジィはもてなし上手、夏中、毎晩のように庭で泡盛を飲み、三線に合わせて客は歌い踊る。子どもを連れて来ていたお母さんがいう。

「毎年、時期を決めて翌年の予約をして帰るんです。全国いろんなところから集まって、竹富島だけでのお友達。一年間あったことを話し合って楽しい」

常連客はメールで連絡を取り合い、インターネット上に野原荘という共同体をつくっている。彼らがつくった歌集もある。オジィは手帖を見て、「十月いっぱいまで満室ですね。民宿はね、やりたくて始めたわけではないの。復帰後、本土から来る若者が、泊まるところもないんでウロウロしてたのを泊めてあげた。浜で野宿してビンやカンを捨てていくので、環境保全の意味でもやっぱり集落の中へ入れようじゃないか、ということで始まったんですよ」

竹富の民宿は慈善事業みたいなことから発展したのである。私の泊まった内盛荘も、何品もおいしいおかずが並んだが一泊五千円だった。「来てもらってうれしい。それでいいんです」。しかし、部屋数が少なくて宿泊したい人も泊まれないのが現状。

民間鉄道や財団法人に一度売られた島の土地をせっせと買い戻している人がいる。町並み保存の先駆者であった上勢頭昇さんの息子保さんだ。夕食のあと、お願いして林の中の家を訪ねた。竹富は小さい島なので、あっちこっち歩いて話を聞きに行ける。

「東京から二千二百キロというけれど、竹富を中心に二千四百キロの円を描けば、朝鮮半島、台湾、フィリピン、インドネシアまで入る。ここをアジアのセンターと考えることもできます」

この方もいったんは大阪に出て運送の仕事に就いたが、島を守るのが家の義務と帰って来た。「子どもの頃、サトウキビをつくっていましたが、石垣の工場まで運ぶにしてもかさばって大変だった。農業より商売をしたいとずっと思っていました。

帰ったころから運送業に切り替え、酸素ボンベもない頃、八重山ダイバーのハシリでかっこつけてました。借金までして土地を買い戻すことはない、といわれますが環境を破壊しない、竹富らしいリゾートをつくりたい」

周辺の島では外部資本によるリゾート開発が進み、すでに、ユニマットのグループ会社が小浜島にリゾートをつくり、西表島への進出を企てて、住民の反対にあっている。

息を吐くことの大切さ

次の日の昼は、「やらぼ」という店でエビソバを食べた。千二百円のソバに六本も大きなエビが載っていた。ご主人が島で経営しているエビ養殖場のエビだからプリプリしている。ここで上勢頭同子(ともこ)さんにばったり会った。水牛車の青年が言っていたように、島の唄や踊りを最もよく継承する人である。

父亨さんの後を継ぎ、日本最南端の寺、喜宝院の住職となった最初は大変だった。「女性が職業を持つのはおもしろくないわけさー」。その中で島々に散らばった人びとと法事、起工式、初参式とお寺の仕事をこなしてきた。

「竹富では専門家をつくらない。誰かに任せない。みんなで平等にやる。だからどの人も大工も石積みも漁もできます。じょうずでなくてもね。専門家ができると、使う人と使われる人に分かれてしまう。あんたに使われてたまるかい、というプライドが対立を生む。自分はまだ半分の存在と思うから、助け合い、支えあうことができるのです」

住職の一方で、御嶽で神様に仕える仕事もある。

「だんだん霊力が研ぎすまされていく家系です。五代前からこの島にいます」とにっこり。たしかに同子さんの語り口はおだやかだが一語一語が粒立ち、岩に爪が食い込むような説得力がある。

「昔はこの島は貧しくて、朝四時に起きてブタに餌をやり、朝ご飯を食べたら畑仕事、女たちは芭蕉の糸を取る。日中の暑いうちは縁側で南風に吹かれて休み、夕方また畑仕事、ツカマ星という金星が出ているうちは働いたのさ。それでも人頭税があってとてもよう食べられん。子どもの間引きもありました。家の裏に砂を掘って、クバの葉を敷き、赤ん坊を寝かしてシャコ貝でフタをする。すると少しは空気が入る。親のせめてもの気持ちさ。三日三晩泣き続けた子を助けた人がいる。そんな子は強い子できっと出世するといったものよ」

ここらでは子どもを何人でなく何名といいますね。

「それは名は命だからさ。名前は命そのもの。だからいつまでも子どもたちにいって聞かせている。たくさんの命を引き継いであなたが生まれた。無事で真っ当に育つように、名前をつけて祈る。あなたが生まれたことで、お父さんとお母さんも生まれ変わる。一人の誕生じゃなくて三人が新しく生まれるの。これは神しぐみ、神様のなさったことなのだとね」

同子さんはたくさんの子ども、若者に踊りや唄を教えている。

「踊りは力を入れる、抜くの繰り返し。はじめは腰が入らない。魂が入らないと力も入らない。私は毎日若い人と踊っている。繰り返し繰り返し。祭事行事のたびに踊っているわけね。それで型ができる。繰り返しやることの尊さ潔さ。同じことを確認しながらね。それが島の暮らしそのもの。そのねばり強さが大事なのね。

いまは金が儲けやすくなって、みんなすぐ働くのに飽きて新しいものに飛びつく。でも、ねばり強く共に生き共にあるということ、それは目に見えないものの力なのね。風は見えないけれど、草木をなびかせ、木の葉をゆらす。竜巻が起これば家も飛ぶ。そうしたことへの畏れを抱きながら、その気の流れの中に身を委ねて私たちは生き、生かされているの。

赤ちゃんはニギャーと気を吐いて生まれて来る。吐くことは大事なの。歌を歌うのも、お経を読むのも。そして言葉を吐いて言霊にすることで、もう一度自分をよく見る。吐いた自分を対象化する。

子守歌もそうですよ。背は人間の体のうちで一番清らかなの。腹の中は分からない。でも背を見ていれば清らかに育つ。そして人間は死ぬときは必ず息を引き取る。吐くんではなく吸うんです。すうっと気が抜けて命が消えるんです」

内盛荘に帰って壁を見ると、内盛桜、内盛美里、大浜熙人、吉澤乃愛、上野虹紀、奥澤海斗、新城衣織、上野勇佐魚と、名前が紙に書いてぐるりと貼ってある。現代風な名であるが、命の誕生によって父となり、母となった人が心を込めて付けた名前だ。子どもがどうよく育つかが島の未来を決める、とこわいけど遊んでくれるおばさん、同子さんは言い切った。

十五年前に来たときより、私は少しだけ深く島の歴史や集落の構造に触れることができた。町並みの修復・修景は進んだが、観光化も進んだといってよい。十五年前、来たときに泊めてもらった民宿「竹の子」のオジィとオバァは残念ながら亡くなっていた。

あの時、私は壁にある写真に一番ビックリしたのだった。勲何等だかを貰った時に夫婦で東京の宮城へ行った際に撮った写真、奥さんは黒い留袖を着て、すっかり内地風。それより東京から何千キロも離れて、それでも勲章や宮城が彼らの中にインプットされているということにおどろいたのであった。

その「竹の子」は民宿はやめ、若者の出入りするしゃれたソーキそば屋に変身、外まで人が並ぶ。「味は変わらんよ」と娘さんは言った。

けど、オーナーとかスタッフという人が忙しく立ち働いてオーダーを取る大繁盛の店と、あの無限にやさしい老夫婦、ゆったりと流れる時間のあった場所は違うような気がする。

たしかに、伝建地区選定がなかったら、上勢頭芳徳さんの言うように、木造赤瓦の家はシロアリで崩れ、台風で倒れ、余裕があればコンクリートで建て直され、観光客は来なかっただろう。そうなれば島を出ていった若者が戻ってくることもなく、島はオジィとオバァだけになり、いずれその人たちも石垣や那覇、大阪、東京の子どもに引き取られ、島は棄てられていったろう。それは多くの離島の運命である。

伝建地区に選定されたことにより、竹富島が息を吹き返したことは確かだ。そして、観光で食べる島に変わった。一方、島では次世代が文化の伝承をめざしてNPO「たきどぅん」を結成し、観光化の引き起こす問題にも対処しようとしている。

こんな竹富島をゆっくり見守っていきたい。遠い東京にいても竹富の風を海を、思い出すだけで胸が震える。私にはDNAはないけれど、観光しに来たとは思わない。竹富島と交流した気がする。「時は流れているものを、刻むからこそ無理も出る」と北海道出身の稲垣さんはBEGINの「竹富島で会いましょう」という唄を歌う。

その通り。癒しとかスローライフとかもっともらしいコピーすらいらない。ここは宇宙の気がただただ、しずかに流れる島なのである。

＊P.S.　その後、私は竹富島のおじい、おばあたちの話を聞きに通い、「すばる」（集英社）に「竹富島の宇宙」を連載した。

西塘御嶽

水牛車

手にビール、空に満点の星——小浜島（沖縄）

どういう風の吹き回しか、鹿児島、喜界島、奄美大島、那覇、そして石垣島と琉球弧を飛び石のように飛んで、離島桟橋から小浜島への船に乗った。「オバマジマに行くんだ」といって、あら、コハマジマでしょ、と直されるくらい、島については何も知らない。

小浜島の桟橋には、民宿比嘉荘の慶子さんが迎えにきてくれた。バンダナを巻いて、眼鏡の慶子さんはとても若く、手伝いのおねえさんかと思ったけど、れっきとした民宿の女主人、二人のお子さんとお孫さんまでいる。

「八重山の中でも、うちほど海に近い民宿はないいんじゃないかな」

コンクリートブロックの建物が広い敷地に散在し、クワアデーサの木の向こうに青い海が静まっていいた。白いチェアにハンモック。わぁい。子どもに帰ったように心がはしゃいだ。ダイバーの一群が海から上がってきて。忙しそうな慶子さんを手伝う。

「私は新潟生まれ。高校を出て東京のデパートに勤めてたんだけど、二十歳のとき、沖縄復帰の翌年（一九七三年）、竹富島に来た。元祖竹富ギャルかもれしない。何度か来るうちに小浜で主人と出会い、ここに居ついてしまったの」

そのご主人はもういない。海の事故で亡くなったという。きっとすてきな方だったんでしょう？

「うん、私、面食いだからね」

カレーライスにグルクンの唐揚げ、モズク、これでビール、ビール。空は満天の星だった。この日、島の中心部ではお祭りがあり、それは農業集落の人しか参加できないので、私たちは静かに飲んでいた。

風の音を聞きながら浜で眠る

朝、五時に目が覚め、部屋は暑いので浜辺で寝た。ザザーという波の音、ボウボウと風の音。

小浜島は面積七・八四平方キロメートル、といってもわからないが、ぐるりと回ると十六・六キロメートル。島の北に神聖なる山、大岳（うぶだき）がある。標高九十九メートルの小さい山。その南に農業をなりわいとする小浜集落が広がり、そこか南西に細崎（くばざき）という漁師の小集落がある。一方東南にはヤマハリゾート「はいむるぶし」、去年さらに別のリゾートもできた。

ＮＨＫの朝の連続テレビ小説「ちゅらさん」の舞台になったこともある。「ちゅらさんの木」とか、「ちゅらさん展望台」とか、ドラマにも出てきた民宿「こはぐら荘（といっても実際は一般の民家）」などがあるが、地元の人はあまり気にしてない様子。もちろんちゅらさん饅頭などは売っていない。

展望台からは西表島が望めた。小浜島と違い、けわしい山が屹立（きつりつ）している。その間の海のなんともいえない美しさ。そして海といっても微妙に色が違う。

「手前の海の中にかすかに黒く見えるのが魚垣（ながき）。浅瀬に石を積み上げ、潮が引くと中に魚が残ります。島の出で琉球王朝に仕えた女官の引退後の生活のために築かれたといわれています」

とコハマ交通の運転手、鳥井たつやさん。神戸から来て、「気がついたらいてしまった」人。島内は起伏が多く、タクシーもないので二時間、案内を頼んだのだった。
「ほら、その向こうの西表との間に青の濃いところがあるでしょ。あれがマンタウェイです」

ヨナラ水道ともいう。エイのような、平べったく尾の長い生き物マンタ。その泳ぐ姿を気持ちよく思い浮かべた。

お昼ごはんを、画家夫婦がやっている「ヤシの木」でいただく。私はイカスミのスパゲティ。食後の黒糖サンデーが驚くほどおいしい。アイスクリームに黒みつがかかっているだけだけど、炎天下で焼け、ちょっと甘いものが欲しい感じ。

民俗資料館の慶田盛正光(けだもりせいこう)さんに聞く。「いまでこそいい島ですが、私の子どもの頃は大変でしたよ。男の子は水汲み、女の子はランプのほや磨き。いつもは唐芋(サツマイモ)を主食にして、サトウキビは正月の換金用作物だったんです」

ウミンチュの話を聞く

午後、細崎の漁師集落。仲嶺信助さんちへ行くと、女たちは一所懸命に貝をむいていた。縁側に座る信助さんはいい笑顔だ。

「あの時分（戦後）、賑わってましたな。カツオが波照間（はてるま）の近辺で獲れよった。わしら、その餌となるグルクンの稚魚を獲るんです。十年くらいやったかな。でもカツオもほかの魚に比べたら安いからね。そのころはここにカツオ節工場もありましたが。

冬は、さし網漁です。三名乗りの船でサンゴ礁のいろんな魚を獲る。あれは暗いうちに行って、七時、八時にはあがるから、あとは暇だね、一日。まあ危険な目にも遭（お）うたね。台湾坊主（台湾付近で発生する低気圧）にも二、三回遭うた。あれに当たると生きた心地はしません。前は全然見えないし、自分がどこにいるのかもわからない。どこまでも流されて行くんです。

タマン、フエフキ、イラブチャー、エーグワーなんて魚を獲る。やっぱりたくさん獲れるとうれしいね。自分でも食べるが、昔はバアさんが頭の上のたらいに入れて本集落（小浜集落のこと）まで歩いて売りに行ってました」

奥さんのトミさん。

「さし網の手伝いもするけれどね。お父さんが舵とり、次男が潜って、私は網を巻き上げる役。でも売りに行くのがつらかったさ。いまと違って道が悪いし、三十キロくらい頭にのせてた。だしの出のいい魚から売れて、売れ残ると、芋や野菜と物々交換したもんさ」

もう一軒、玉城亀徳さんを訪ねた。

「網がサンゴ礁に引っかかってたいへんなんだわ。潜ってそれをはずしたり、陸上がっても手入れがたいへんだ。タコ捕りは上手（うま）いけど、何やってもそうは儲からんよ」

奥さんのキヨさん。

「オヤジが海人（ウミンチュ）だからよ。お酒はいっぱい飲むけど、ケンカはしたことないよ」

海辺で親子三人の写真を撮らせてもらった。オジィがふざけて手を握ろうとすると、オバァが照れてふり払った。夕陽がまぶしい。

その名も「海人」というビアホールが島の突端にあって、そこで風に吹かれながらビールを飲んだ。今日の獲物を刺身にして出してくれたが、なんという魚かわからない。白身で歯ごたえがある。向こうの客は予約してあったらしく、シャコ貝やタカセ貝をつまみに飲んでいる。貝好きの私はうらやましかった。

夜八時から、「はいむるぶし」で、つちだきくおさんのコンサートがある。大分県生まれのつちださんはヤマハのポプコン（懐かしい。ポピュラーソングコンテスト）で賞をとり、ヤマハリゾートに派遣されてライブをやるうち、小浜島に住んで十三年。八重山が好きで好きでたまらない、自称「八重山病」だ。この島で子ども二人に恵まれ、ＰＴＡの副会長もつとめた。

軽やかで覚えやすい歌。白いランニングを着て、日に焼けたひじを窓から外に出し、頭にはバンダナならぬタオルをねじり鉢巻きにして、水玉模様のワンピースの彼女を荷台に乗せる。これが正しい小浜の男。つちださんもそんな感じで昼はあちこち島を案内してくれた。

夜、風が止まった。

「風さえあれば生きていけるって思う。風がなくなると、息苦しくて。何か話さないと間がもたないのよ」

比嘉荘の慶子さんがつぶやく。

カジマヤーで生まれたてに

三日目。朝、庭にほっそりきれいな人が見えた。民宿のお客さんかと思ったら、慶子さんの姑のカマルさんである。畑の手入れに余念がない。

「フーチバーはぜんそくと心臓にいいから、いま、ジュースを作ってあげようね」

氷を入れると実にすっきりした飲み物になる。

「ハンダマは味噌汁にもいいし、和え物もいい。ニガナは細く刻んでシーチキンと和えるとおいしいよ。長命草、ナガリールーというけど、これは血をきれいにするの」

いろいろ教えてもらう。戦後、嫁いできて五名の子を育て（小浜島の人も子どもを五人といわず五名という）、民宿を始め、客の大学生たちにダイビングを教わったという気丈なお母さんだ。

「自分にのしかかった宿命を乗り越えなくてはね。とにかく子どもをまっとうに一人前にするまでは頑張らなくちゃと思ったの」

カマルさんの居間からも青い海が見えた。時がゆるゆると過ぎていく。

短い滞在はそろそろ終わり。リュックに潮っぽい服を詰め込み、集落に出た。野底ヨネさんの話を聞こうと思って。なにしろ小浜一の人気おばあちゃんだという。

座敷にちょこんと座ったヨネさんは、

「まあ、もう頭がはっきりしませんでの。私は明治四十二年、松本という家で生まれました。そのころは道も上等でないし、裸足でぼたぼた歩いておりましての。朝は芋を掘ってきて洗ってふかして食べました。昔はなんでも難儀でありましたんですよ。雨が降ると薪に火がつかなくて、竹の山から竹とってきて燃やしたり」

その昔、小学校の先生がこしらえたという「石垣島の三里へだてて、われらが島の小浜島……」という歌や、祝いの座敷歌を唄ってくれた。

この日は娘さんや親戚が遊びに来ていたが、いつもは一人暮らし。炊事も洗濯もお風呂もみんな一人でやる。最近、ヨネさんは桟橋の待合所の名を募集したのに「タピヌカロイ」（旅のかりゆし）と書いて当選。

「生きてるのは、こんな楽しいことはありませんですよ」と口に手をあてて笑った。

その元気にあやかりたいと一緒に写真を撮らせてもらった。

あと三年でヨネさんはカジマヤー。九十七歳の賀には、風車をつけた車に乗って集落をパレードするのだという。島中のお祝いだ。

「自分の楽しみでもあるからよー。元気でね、オバァ」

と集落の人が声をかけていく。

「毎日、散歩しますですよ。よその若い人が野底のばあさんみたいに運動したら上等じゃないか、と言われましてよ」

カジマヤーが来るとまた人間は赤ちゃんに戻るという。小浜島はいつもそんなふうに、生まれたてである。

こはぐら荘

III　海とくらす

種市
岩手県
石川県
能登半島
牡鹿半島
宮城県
京都府
伊根
伊勢松阪
三重県
室戸
高知県
紀伊半島
和歌山県
薩摩半島
鹿児島県

南部もぐりと清光館哀史——種市（岩手）

岩手県最北、三陸海岸が青森県に接する種市町（現在は洋野町）。そこに〝南部もぐり〟という独特な潜水法があるという。お訪ねしたのは磯崎元勝さん。昭和三十五年生まれ、すらりとした美丈夫で、名刺には「潜水士」とある。

「曾祖父から私で四代目。代々、事故もなく潜水病にもならなかったので、息子が継ぐのをかあちゃんが許したんでしょう」

確かに危険な仕事だ。水深五十メートルを超すと、空気中の窒素が高気圧で体の中に入ってくる。万が一潜水病になったらもう一度、海底に沈め、ゆっくり減圧しながら揚げる「ふかし」をする。犠牲を出したうちでは奥さんがあとを継ぐ事を許さず、それで絶えた。

明治三十一（一八九八）年六月、函館からニシンかすを満載した千八百三十五トンの貨物船名護屋丸が、横浜に向かう。途中、種市の沖で座礁、しかし漁師たちの奮迅の働きで一人の死者も出さずにすんだ。

翌年、船体の引き揚げにやって来た房州の潜水作業員が、素潜り一本やりだった種市の人を驚かす。〝カブト〟といわれるヘルメットをかぶり、おもりをつけて三十メートルも潜る。ふいごで空気を管に送り、海底で何時間も作業をつづけた。この房州潜りをさっそく見習ったのが〝南部もぐり〟の始まり。

「その時来た三村小太郎が見込んだのがうちの曾祖父の磯崎定吉、見とり学といって見ては盗み、いわゆるカブト式という潜りを開発しました。これは潜る人と上から空気を送る人、命の共同体なので一族を中心に発達しました」

伝統の漁、今も

翌朝七時、ヤマセで白く煙る海に第八進勝丸は出た。「大丈夫、海は七月のいまが一番穏やかです」と磯崎さんはいうが、どうして素人の私には大揺れだ。カメラマンと記者も酔い始めた。中に青い毛糸のセーターを着込み、オレンジ色の潜水服、赤い軍手、片足八キロの靴、胸に石のおもりをつけた磯崎さん。総重量三十キロ。

「底のほうが潮が速い。若いときは六時間潜ってたもんでした。いまは体力は落ちましたが、経験を積んで無理がないし、技術でカバーしています」

磯崎さん、いよいよヘルメットをかぶる。海水が入らないようネジでとめ、タツノオトシゴよろしく海へ沈んでゆく。七時に船を出してから、一日二時間もぐる。

技術の進歩により、船からはエアポンプで空気を送れる。マイクで海底から「次の網をください」と声がすると、網いっぱいのホヤが揚がってきた。ホヤだけは乱獲がない。一つのホヤを獲ると、そこから新しい種が生まれるという。

船の操縦士、そして甲板で二人の男が網をたぐり寄せ、ポンプを監視し、揚がってきたホヤを箱につめる。確かに命の共同体だ。上がってきた磯崎さん、一つを切って味見させてくれた。独特の渋みと甘み。

「人より早くたくさん獲れたら嬉しい。気合と意地です。浜の女の人まで『あそこの潜りさん、いつも遅い』『うちの潜りさんが一番だ』なんて見てますから。寒いから上がるのは嬉しいですね。

私も若いころはベトナムなど海外で、沈没船で宝探しの引き揚げもやりました。延享丸といって昭和二十年十二月七日に沈んだ船で、作業に九年もかかりました。ヘドロに埋もれて、海は汚いし大変でした。

種市高校には日本でただ一つの海洋開発科があって、卒業生は港湾建設やサルベージ船など、世界の海で活躍しています。種市の人でも知りません。潜水士は無口だし、海の底の仕事なので見えにくいんでしょう。でも『ここにいるよ』という事は知ってもらいたいんです。

いまでも一月は北海道の根室に馬フンウニ漁に行きます。根室はアイヌ語でウニの獲れる所という意味もあるとされています。若いころは三カ月行って八百万稼いで、クラブに行っても羽振りがよかったです。いまはウニ漁を終えると春まではお休み、ほとんど家にいます。妻と子どももいるので、ここでずっと暮らせるのはいいですね」

弟さんは英語を勉強して、世界をかけめぐる水中写真家になった。磯崎さんの家でも英字紙を取っている。ここから世界の海を見つめているのだ。

アワビは七月のいまが一番おいしいが、浜によって解禁日が決まる。浜の人に聞くと「夏は腐りやすいし、中国向け乾アワビにするためにいまは獲らない。結局、われわれが命がけで獲ったアワビは、香港あたりで金持ちの中国人や、日本から行った観光客のお姉さんが食べているんですよ」とのことだった。

半農半漁だったこの村も、農作物は高く売れないし、農業三割、漁業七割になってきたという。四十五日のウニ漁で八百万稼ぐ人もいる。ウェットスーツに身を包み、ぬれた髪で浜を歩く男たちは、なんだかアラン・ドロンみたいでかっこ良かった。

いっぽう浜でウニをむいて加工する女たちの時給は八百円、四時間で一日日当三千二百円である。むいて、洗って、ゴミを取って、トレイに並べる白い割烹着をきた女たち、手はよく動くが口も動く。時々どっと笑いが起こる。からは砕いて山に捨てるのだそうだ。

その夜、小子内（おこない）の浜では不思議な盆踊りがあった。「ナニャドヤラ、ナニャドナサレノー」。踊るおばあさんに聞くと「その昔、陸で何もとれん、海でも獲れん、ハア、どうしたらいいべという女の嘆きの歌だのス」ということだった。ほかにヘブライ語の軍歌に由来するなど、いろんな説がある。

小子内には柳田国男の名作『清光館哀史』の碑がある。私が高校三年の国語の教科書で読んで以来、忘れられない作品である。大正九（一九二〇）年と十五年の二回、訪れた柳田も、またこの不思議な盆踊りに興味を持った。

清光館は菅原という人が経営していた旅人宿で、そのころ浜にカツオがよく獲れたのでカツオ節製造もしていたようである。そこの主人が海で死に、家が没落して跡形もなくなるまでを描いた。柳田の解釈によればこの歌は「どうなりとなさるがよい」という女から男に呼びかける求愛の歌だという。でもおばあさんのいう意味のほうが私には現実味がある。

私のような元高校生が訪ねて来ることから、碑を建てるのに尽力した郷土史家の中村英二さんは「本当にこの辺は貧しかった。松前からニシン漁の人集めに来る。多くの男は春を待たず、竹行李（こうり）を背負い、北海道へ出て行きました」という。

南部もぐりは「出稼ぎ」からの解放でもあった。それにしても生死となりあわせの仕事、ホヤも心して味わわねば、と思う。

【旅の名残】

物産館に行くと牛乳瓶につめたウニを売っていた。五本買って家に送る。家族や仕事仲間の子どもたちがウニ丼をかっ込む姿を想像して。私の方はホヤ尽くしの夕食をいただく。刺身や酢の物はいいとして、ホヤカツにはたまげた。でもソース味も案外いける。

それからJR八戸線、リアス式の海岸沿いを行く三陸鉄道と乗り継いで、久慈、宮古を通り、釜石から遠野に出た。

女川で台風に遭う――牡鹿半島（宮城）

スレート屋根がつづく町

　南気仙沼から小牛田行きに乗る。そして宮城の明治村と異名をとる登米で、重要文化財旧登米高等尋常小学校や警察署など古い建物を見学して一泊。その宿は居酒屋を経営していて、夕食はそちらでどうぞということだった。宿泊客だけでは保たないのだろう。部屋には一室ごと、たくさんの中学生がいて、どたんばたんとスゴイ騒ぎ。スポーツ大会開催中だ。

　あくる日、雄勝町（現在は石巻市）職員の千葉茂さんが迎えに来てくれる。雄勝町、登米町（現在は登米市）はスレートの産地、ここのスレートで赤レンガの東京駅の屋根を葺いた。私たちの保存運動にさいして、たくさんの署名を集めて下さった方である。リアス式の海を眺めながら車を走らせる。千葉さんの話。

「親父はマグロ船に乗ってたから、子どものころは家にいなかった。その後ホタテの養殖に転じましたが、雄勝は唐桑と並び、カツオに賭けてる漁師が多いんです」

博物館には、竜神丸、感応丸、金毘羅丸と勇壮な船の名が掲げてあった。

「昭和三十年代は中学を出ると半分はカツオ船に乗りました。私のころでもクラスに五人ほどはカツオ船に乗りました。竹竿に一升ビン吊るして一本釣りの練習してね。友達でも海で死んだやつ、二人います。漁師の仕事は死と隣り合わせです。私はカツオ船より、外国航路の船員にあこがれましたね」

チリ津波は昭和三十五年、そのとき六つで、朝ご飯を食べてたとき波が来た。漁師たちはその波が引いて次の波が来るまでに海底に上った魚やウニを獲ったが、子どもたちは高台へ逃げさせられたという。

荒浜という不思議な浜に出る。海沿いの小屋はすべて屋根が片流れで、コールタールが塗ってある。屋根の上で昆布を干すのだ。軒下にはウニやホヤを獲る道具が吊るしてある。

リアス式海岸はいい海水浴場でもあるが、今年は寒いからか、夏なのに浜には人っ子一人いない。

廃校になった分校がひっそり山あいに沈んでいた。屋根はみごとに全部スレートである。このあたり、民家も納屋も鶏小屋まで屋根はスレートで、なんだかとても豪華な感じ。

雄勝町には「雄勝天然スレート」という唯一、国産スレートの会社がある。現在四代目の木村満さんに聞く。

「明治十七年に創業しました。初代の木村幸治は船乗りでした。最初は屋根材というより、近代の学校教育で使う石板を作ってました。当時、紙のノートは貴重で、字を覚えるのも、計算も石板でやったんです。

インドから綿を買ってくる貿易船が、行きに積む物がないので、スレートの石板を載せて、インドでもずいぶん子どもたちの学習に使われたはずです」

そういえば、『赤毛のアン』で赤毛をからかわれたアンが、石板をキルバートの頭に叩き付けるシーンがあったような。その後、日本でも洋館がつくられるようになり、スレートは屋根材に用いられ、最初輸入されていたが、このへんで取れるとわかり、使われるようになる。木村さんは京都府庁、北海道庁、山口県庁、西日本工業倶楽部などの文化財修復にもかかわってきた。
「うちの石は明神という所で採れます。わりと地表近くに古生代の質のいいスレート層がある。でも山掘って失敗した人、死んだ人たくさんいるんですよ。トロッコで石出してたら、突然土砂がくずれて坑道が塞がれたり」
木村さんの本家、自身の家、伯父の家、一族全部スレートの家である。屋根ばかりか壁も、ウロコ、エボシ、ヒシ、ハマグリといった形の、さまざまな切り方をしたスレートで鎧のように覆われている。「切り方の見本ですよ。どの形がいいですかってね」。木村さんは私に、機械で切らせたり、手で割らせたりしてくれた。スレートは層になっているから、たてに歯を差し込むとぱりっと割れる。薄い屋根材に重宝されるゆえんだ。

今日の料理は「海の具合」

一夜あけると空はまっ青、日がキラキラと波にはじける。うっそみたい、とはこのこと。

強い日ざしの中を船着き場へ向かう。九時発、金華山行き。

もう一つ、停泊中の江島行きも乗ってみたい。コウトウですか、エジマですかとたずねると、エノシマですとその島に別荘を持つという客がいった。

船は台風一過の波の上をホッピングして、たとえようもないスリル。青い海が右に左に大揺れで、乗客は思い切りキャアキャアいう。不思議と気持ち悪くはならない。右手に女川原発が見える。なるほど、海からしか見えない山陰に危険施設をうまく隠してあるものだ。

金華山は山上に神社があり、鹿がいるだけでとくに見るものもなかった。早々に山を下り、ホタテ焼きでビール、次の船を待つ。民宿経営だが、客が少ないので、ここで昆布やヒジキを売っている、という美しい人が「昆布いかがですかァ」と叫んでいる。

十一時半の船で鮎川へ。着いたとたん食堂の客引きアナウンスががなりたてる。「五百名様収容の大レストラン……」といったって、着いた乗客は二、三十人。暇なので、ホエールランドを見に行った。捕鯨が禁止されて以来、廃墟となった巨大船が陳列されている。「鯨を捕るのはかわいそう……」という国際世論で禁止されたが、それならマグロもカツオも、ブリもニワトリもかわいそうだ。シロナガスクジラは私の体重の二千五百人分あり、一瞬自分の重さを忘れられる。クジラ珍宝子という展示物も巨大であった。

館の人に教わり、小金寿司まで歩く。板前さんに、

「これは調査捕鯨五十トンの余慶です」

と出されたのは、さっぱりした赤身にのしのように白い脂身をチョコンとのせ、のりで巻いたミンククジラである。スミマセン、おいしい。

「うちのハモ食べてみませんか」

と押しつけがましくない応待だ。

「今年（二〇〇三年）はさんざんですわ。冷害に地震、台風……店の大きな鏡が割れて、お客さんいたときだったらとゾッとしました」

鮎川から石巻までは一瞬だった。日ざしに疲れ、ずっと居眠りしていたのだ。釜石、石巻、塩竈、似たような地名がつづく。

石巻から奥松島までどう行くのかわからない。今夜泊まる漁師さんの経営する民宿「桜

荘」へ電話して「センゴク線ですね」と念を押すと、「いえ仙石線の野蒜です」と訂正された。

桜荘、なんてきれいな名前でしょう、とうきうき向かった。宿に荷をおろし、夕暮れ、絶景の集落を散策した。それでも家々は地震で瓦が落ちていたり、白壁に亀裂が入っていたり。

「鳴瀬町（現在は東松島市）というだけで、ずいぶん宿泊予約のキャンセルがあったんです。日本中どこにいたって地震に遭うときは遭うのに」

とちょっと悔しそうだ。お膳には生ウニ、ホタテ、カレイの刺身、イシモチの焼き物などなど、ずらりと並んだ。キャンセルした客は損したぞ。

一人で、予約もなしに来たという名古屋のおじさん。向こうの卓からしきりと話しかける。

「ええころかげんなことというもんだで、テレビや雑誌でいい宿ってのに本当にいい宿はないな。ここの刺身は、しかしうまい」といい機嫌。

「特別料理を頼みたい、というお客さんがいます。舟盛りを作って出せばもうかるけど。

うちは十二、三品は出るから大丈夫、万一足りなければ、その場で作るといってます。何が出るのかと聞くお客もいる。でも何が獲れるかわからないですからねえ。海の具合で。ウニだって買ってまでは出しません。市場へ行って、薬かかったようなものを出したくないもの。でもウニの時期に来て、ウニが出なかったら、お客さん機嫌悪いですよ」

これだけいただいて、一泊七千円である。客の都合より、海の具合を優先させる。じつにまっとう。桜井さんがやっている桜荘、なんともおだやかで美しい宿であった。

伝説に満ちた半島をバスで――能登半島（石川）

能登半島一人旅。なかなかいい響きだ。車はないけど、行けばどうにかなるだろう。

どうにもならないのだ、これが。バスが一時間、いや三時間に一本。小松空港から金沢へ、金沢から富来（とぎ）へ。富来では、原発に反対された西海漁業組合の川辺茂さんの話を聞き、その案内で義経の舟かくしだの自殺の名所、ヤセの断崖だのを訪ねた。「ちょっと待った。引き返す勇気をもとう」というような立札が立つ。松本清張『ゼロの焦点』の舞台となった所だ。

門前の宿ファミリーイン・ビュー・サンセットへ着くと、夕陽どころかもう暗かった。段差が多く使いにくい建物、大浴場から吹きさらしの長い廊下を帰る途中、体が冷えてきた。廊下についている電灯の電気代だけでも馬鹿にならないだろう。なんで地方自治体はこんな利用者のことを考えない、有名なだけの建築家に公共建築を依頼するのだろう。ご飯はよかった。

さらに門前から輪島へ、めったに来ないバスを乗りついで、悠長な旅が続く。「地域とともにあゆむ」と看板をかかげた能登中央バスの事務所の前では、チョッキ姿の運転手さんが大きくのびをしている。

「あんた、どっから来たん」

マスクのおばさんが聞く。

「東京です」

「そりゃ早う来すぎたワ。も少し待てばカキやカニが解禁になるのにな。都会の人はこんな高いバス賃びっくりするワ。いまはどの家も車あるんやから、バスに乗るのはわたしら年寄りだけよ。それでも医者の送り迎えに車出してとは言えんもん。年寄りも甘えていられん時代やわ」

それと免許の持てない中学生、高校生。数人の客を乗せてバスはうるうる走る。いつも左手に青い海。

　どこにお住まいですか。

「わたし？　輪島のもっと先。輪島の医者は往診してくれんけ。将来のこと考えて、なんぼ遠くとも門前まで通っとるんよ。いま帰りやわ。バス代往復二千四百六十円かかる」

　最近、この辺はどうですか。

「さあ、輪島も漆器が不況でなあ。木ィ切っても売れんし、田んぼだけしててはごはん食べられんねん。みんな土方や出稼ぎせんならん。そんでもじいちゃんばあちゃん、子どもにせっせと米や野菜を送ったり、孫連れて来ると小遣い持たしたりしとるよ。向こうから仕送りなんてないけどな」

　おばさんも、山に入ってたんですか。

「シイタケやヒラタケ作っとったよ。朝早う出てな、昔は草っぱらにゴザ敷いてなあ、弁当つかったり、昼寝したよ。いまは何でも車の中や」

　ほら、ここなんか台風でやられた。あんたアテとスギの区別つくか、と車窓の山や木を説明してくれる。そのときそのときの政府の考え次第や。木さえ植えれば補助金くれた時代もあった。いまはのうなったんや。そのうち当たり前にも、話はいまの北朝鮮拉致問題に行きつく。

「輪島でも行方のわからん人はおる。テレビ見たけどみんな苦労しとる。向こうには歯医者がないんやて。まあ働いて食べることしておらんけ、帰ってきても大変やろう。親の気持ちとしては帰ってきてほしいやろが、子どももまた親じゃもの。向こうでそのまた子どもの暮らしがある。わたしらの子と同じじゃ」

自分にいい聞かせるようだった。

海女の集落を歩く

輪島には昼前についた。朝市通りに急行すると、市はまさに終わりかけ、テントのパイプを分解している。観光客はビニール袋をぶらさげ、ぞろぞろバスに戻る。エビやサザエを焼くいい匂い。フグのみりん干し、ウニのびんづめ。大きな蒸しサザエがおいしそう。

「ここで獲れたの？」

「そうよ。わたしは海女だもの。最近まで海に潜っとったよ」

というおばちゃんから、半量を千円で買う。食べやすいように切ってくれた。地酒の小びんも買って浜に出た。ふっくらしたサザエをかじりつつ、昼間っから飲む。旅情だなあ、とうなったのも束の間、突風で、五分と堤防にいられない。

路地の食堂に飛び込んだ。ふくよかなおばさんと精悴な日に焼けたおじさん。かっこいいな。

「漁師さんでしょう」

と聞く。分かるかい、とカーデガン姿でうなずいた。アジの南蛮漬け、カレイの煮付け、イトウリの味噌漬け、ご飯にノリの味噌汁、茶碗豆腐で定食千円ナリ。カレイもアジも小さくてかわいらしい。

「うちのは地物だからね」とおばさん、そばからおじさんが、

「いまごろ市で売ってるアワビやサザエはここのじゃないよ。貝の漁期は夏でおわり。第一そんなに大きいのは獲れん」。

そういわれりゃそうだ。すると、さっき買った蒸しサザエ、朝市に並んでたカニは?

「カニ漁はこれからよ。漁師は夢を追う商売じゃ。いつもいっぱい魚が来る夢を見る。昔は十五トンの木舟で沖に出てボラやウグイを獲った。海の上で自分のいる所は右の山見て、左の山見て測っとったんじゃ。自分の獲った魚に自分で値をつけられん。つけるのは市場だわ。そんな仕事あるかい。

いまはどんどん船を大きくしよる。投資といってレーダーだの魚群探知機をつけるが、これが一つ何百万。元は取れんね。残るのは借金だけさ」

〝コンバイン貧乏〟と農業ではいうが、漁業も同じなのか。富来で会った漁師の川辺さんが、「底引き網になって洗いざらい獲る。売れない魚は捨てる。海は魚の死骸でいっぱいです。も少し網を粗くしないと」

と嘆いていた。海も機械化、大規模化が支配する時代なのだ。川辺さんは出来てしまった志賀原発から出る温かい水を活用した養魚場を見ていった。「魚は人間の手でつくることはできない。天を恐れよ、と思います」

町の人の話では、このへんは海士町（あままち）といって、九州から来た人たちが住んでいたという。

言葉がずいぶん違うということだった。「あんた何しているの」を「なーだ、何をしとるがかえ」という。「〜してください」を「やれま」というのだという。

加賀藩は幕府に蒸しアワビ献上ということをしていたから、アワビを獲る海女は必要であった。

「いまも若い海女はいますよ。不況で女の人の仕事は少ない。あれはいい金になる。夏は朝三時に起きてバスで岩ガキ獲りに行ってますが。一回潜ると四、五キロやせるというとりました」と土地に古い人に聞いた。

「だそうです」の余韻

緑色の海のきわを走り輪島から曽々木へ。とにかく海のすばらしさに息をのみ続ける。というか、窓から入る風が強くて息が出来ないのだ。

途中、国の名勝になった白米千枚田を見た。千枚田といっても実際には二千枚あるそうだ。夕陽にきらきらと光り、美しいも美しいが、誰がなんという苦労をして、こんな海辺の急斜面に田をつくったものだろう。といって、すぐ近くに「千枚田ポケットパーク」なる観光施設があるのは興ざめもいいとこだが。

天領の庄屋でもある南惣家を訪ねる。惣右衛門の名で二十五代続くといい、山林、炭焼き、製茶、海運などたくさんの仕事で栄えたが、現在は由緒ある家を守りながら、先祖の集めた物を美術館で展示公開している。雪舟、応挙、九谷焼などを見せていただく。

近くには時国家住宅、上時国家住宅がある。

時国家は平家の壇ノ浦の合戦での生き残り、平大納言時忠が能登に配流され、地元の女性との間に出来た時国を先祖とする。加賀藩の家臣百姓で、四百年前にここに定住した。現在の当主は医師で、豪壮な重要文化財の茅葺きの家を夫人が受付で守っておられた。上時国家の方は天領の大庄屋、時代は新しいが、梁は松の芯材だけを使い、豪壮さでは引けを取らない。この厳しい風土の中で子孫が守っていく重さ、大変さを思うと、ため息が出る。

その夜は「いろり庵藤六」に泊まった。平日で、藍の着物の上品な女性が私一人のために付ききりで囲炉裏で次々と、エリンギ、能登牛、カマスなど焼いてくださる。もったいない。こちらは独り酒。はぜの実の食前酒。むかごのゆず味噌、しばたけの辛子和えなど、これは何ですか、と聞きたくなる珍しい食材ばかりだった。

翌日は運良く、井池光夫さんという方に出会い、金蔵（かなくら）という山あいの集落を案内してもらうことに。

林の中をゆるゆる上り、金蔵寺境内から村全体を見渡したとき、なにか神々しい清浄なものに打たれた。日本の集落そのものが、青い空の下に静かに横たわっていた。

「金蔵はいま戸数八十六戸、人口は二百八十人。粟蔵、船蔵、金蔵と三つ村がありましたが、その名の通りむかしから豊かな村です。金の鶴が舞う、宝の蔵という伝説があるそうです」

井池館と名の残る旧家に生まれた、もと役場職員の井池さんは、定年後、今度は地域に尽くす番と郷土史を研究し、外来者の案内をしておられる。

次に訪れた真宗の正願寺は大正時代の再建だった。

「坂上五左衛門という人に建材にするケヤキを貰いにいった。丸のまま運ぶならあげましょうということで、集落の人総出でそのまま引っぱったら一月かかった。木とはいえども自分の生まれ育ったところに愛着があり、動きたくなかったのだそうです」

井池さんの穏やかな語りの語尾はいつも「だそうです」。何ともいえない伝説の感じがある。

真言宗の寺が一つ、浄土真宗の寺が四つ。各寺を舞台に秋のアートフェスティバルが行われていた。金蔵小学校が廃校になると惜しんで集まった有志が、「金蔵学校」という町づくり団体をつくってあれこれやっている。二度となくならない、心の中に建てた学校だ。

「この地方にはアエノコトという行事があり、いまも中谷家で行われています。取り入れの終わった冬に、田の神様をご夫婦でお招きします。俵の上に神様になぞらえた二俣大根をのせ、上座に据え、当主は裃袴（かみしもはかま）で、神様のためにお風呂をたて、ご馳走を出してもてなします。田んぼまでお迎えにいくのは、田の神様は稲穂で目を突いて、目がご不自由だからだそうです」

この地方に漂着した平時忠の墓にも連れていっていただく。緑なす谷の奥の奥に墳墓があった。

「平時忠は平清盛の妻の弟で栄華をきわめた方でした。平家滅亡後、一族郎党は根だやしにされ、本人は能登に流された。その後も、刺客を恐れて転々としたそうです。優れた方で、新田開発をし、この地の女性との間に子どもも生まれ、それがいまの上と下の時国家の先祖だそうです」

一人の貴人の漂泊が、短い淡々とした語りの中にまるで叙事詩のように悲しく示される。私はまるで『古事記』とか『伊勢物語』をひもといている気分になった。それから夕陽と競争で狼煙（のろし）の灯台へ車を走らせた。

「航行する船に場所を知らせるために、ここで狼煙をたいたといいます。ここから佐渡まで海流にうまく乗れば一晩で着くそうです」

ほかにもたくさんのソウデスをうかがったのだが、あらかた忘れてしまった。

その夜、鹿がまむしに噛まれたのを癒す湯から始まったという、小さな、夢のような宿「湯宿さか本」に泊まると、若い主人が、

「それはいい旅をなさいましたな」

と、囲炉裏で立て膝のまま、マツタケを焼いてくれた。

次の日、また一人に戻り、のと鉄道を二時間待つ間、私は駅のホームで原稿用紙を広げ、仕事をしていた。文字通りフィールドワーク。

縄文真脇温泉で降り、広い広い遺跡を横切り丘を上り、新しくできた温泉に入り、一人でビールを飲んで木のデッキで風に吹かれていた。

また二時間もしたころ、丘の下にけしつぶのような人が見えた。アサヒカメラ編集長のIさんがリュックをしょって上ってくる。長い付き合いの彼は考古学ライターでもあるので、今回、縄文時代の遺跡を見たいと途中からの参加を強く希望したのである。

「ずいぶん遅いわね」

といううと彼は、

「十月二十一日でのと鉄道のダイヤが変わっちゃってさあ」

と汗をふくなり露天風呂に飛んでいった。応援にではなく、どうやら宴会に来たようであった。

白浜から串本へ——紀伊半島（和歌山）

紀伊白浜も一度は訪ねてみたい所だった。かつては宮崎や鹿児島の指宿（いぶすき）と並ぶ新婚旅行のメッカである。タクシーの運転手さんは、

「そやなあ、昔の花嫁さんは初々しかった。花束持って帽子かぶって汽車から降りてきましたもん。昭和三～四十年代やね。その人たちがいまフルムーンで再訪してくれますが、新婚旅行でどこ泊まったか覚えてへん。うれしはずかしちゅうとこやな。それにくらべると、いまは腹の大きいの連れてきますねん」。

この道長いです、という運転手さんはペギー葉山も二回乗せましたという。

「坂本冬美は地元です。藤あや子や伍代夏子と仲よくてゴルフに来たりしますね。藤あや子は長い髪、地毛ですよ。伍代はんはザンギリ頭でしたわ」

いろんなことを教えてくれる。崎の湯まで行ってもらった。無料の露天風呂である。「お供しましょうか」と冗談をいう常連のおじさんを聞き流して入ると、きりっとしまった体の老女が一人。いい色に日焼けしているのは、もと海女さんかしら。

波のとどろきを聞きながら、湯につかっていた。こんどはまっ白い肌の金の髪の二人連れが入ってくる。語尾からするとロシア人のようだ。

三段壁という断崖までまたタクシーに乗る。運転手さんはこっちの方が海がよく見えますよ、という。石に金具が打ち込んである。なんですか？

「ここから飛び降りる人がいてね。遺体を引き上げるとき綱をここに結わえるんですわ……。そういえば何年か前、カップルで来はってね。女性を崖のうえで撮ろうとした男性がファインダーのぞきながら二、三歩下がったら落ちちゃった。女の人はそのままどろんです」。はー、白浜へ来るのは新婚さんばかりではないんですね、わけありの方達も。「そういうのもたくさん乗せてます」とうなずいた。

「和歌山ラーメン」の幟（のぼり）にそそられるが、結局、白浜駅前でネギ焼き（東京でいうお好み焼き）に、ご夫婦でやっている親切でおいしい店だった。

やっと来た電車で串本へ。来年（二〇〇四年）、熊野三山は世界遺産に登録されるとか、いわゆる古道歩きがブームである。それは避けて、紀州の海を満喫することにした。串本駅前。何となくいい町だ。観光案内所が親切。それだけでもいい町に見える。見たところ釣り人のメッカ。今日あがった魚を売る店がある。

四時二十分、最終バスでくしもと大橋を渡り、南紀大島へ向かう。大島も熊楠のフィールドだ。たまたま見つけた「椿道旅館」という宿。名前がいい。大阪で福祉関係の仕事をしていたご夫婦が開いて三年目という旅館。ご主人は釣りが大好きで大島に通ううち、ここで暮らすことを決めた。

夕食はご主人自慢の燻製にはじまり、水アワビだの、木の芽の香が立つカツオだの、トビウオだの、アユのうるか田楽だの、めずらしいご馳走だった。ぐっすり眠った。

朝日で目がさめ、自分で庭のカモミールの白い花をつんで、ハーブティを飲む。おいてある「紀伊民報」「南紀州新聞」を見ると、郷土史家中瀬（なかせ）喜陽（ひさはる）先生が南方熊楠（みなかたくまぐす）の日記を翻字する研究会を始めたとの記事。うわー、大変な仕事はじめちゃうんだなあ。

「地元紙は赤ちゃんが生まれたとか、ご隠居が花を植えたとか、ほほえましいニュースばかりでしょ。全国紙読んどると人が悪うなる」とご主人。今日は暇だから大島を案内しましょうというので厚意に甘えた。

まずトルコ船遭難の地へ。

「明治二十三年、トルコの皇帝特別使節オスマン・パシャを乗せたトルコの軍艦エルトゥールル号がここで暴風雨に遭い、六百五十六人の乗組員のうち、五百八十七人が亡くなりました。でもここの村長が指揮してね、漁師も何も仕事を休んで捜索し、六十九人を助け、布団を持ち寄り、食べ物と着物をあげて養生させ、日本の軍艦でトルコまで送ったんです。そのことはトルコの教科書に載ってますから、トルコには親日家が多いんです」

小さな村で余分な食糧もないのに、洋食の心得のある村人がコックを務め、トルコ人たちをもてなしたという。そんな百年前の積善の余慶をわれわれは受けている。岬にはトルコ記念館があり、駐日トルコ大使は必ずここを訪れるという。ワールドカップのときも、ここでは三位決定戦でトルコを応援する人が多かったそうだ。

もう一つ、ペリーが来航する六十年以上前、アメリカの帆船レイディ・ワシントン号（ジョン・ケンドリック船長）がここに立ち寄り、水や薪を積み込んだ日米修好記念館もある。鎖国の眠りをさました最初の船だ。大きな地図と船の航跡をながめていると、黒潮に乗る人びとの交流史に心浮き立つ。しかし館そのものはハコモノなことは否めない。感動したホンモノは、無量寺の住職が自主努力で開いた応挙芦雪館の芦雪の龍と虎であった。
駅の近くには黒潮に乗って流れ着いたレッドウッドで建てられたといわれる稲村亭というのがあった。「串本の神田家には、アメリカから流れて来た家がある」と大正十年に杉村楚人冠が書いている。材木は長さ二間、切り口一間。神田家が飢饉の際、蔵を開き、米を供出して村人を救ったのを徳として、流木を見つけた漁師が神田家に贈り、それを挽いて潮出しをし、二間つくった奥座敷の八畳十畳、天井、梁、長押、敷居、屏風から煙草盆までをことごとくこの木で作ったという。この話は、村を助けてくれたお金持ちになんとか恩返しをしたいと思った米吉なる少年がクジラに乗ってアメリカへ行き、お土産の大きな丸太に乗って帰る、というおとぎ話にまで昇華された。

新宮で写真家の大西みつぐさんと再会し、紀和町の山の中、湯ノ口温泉に向かう。かつて銅山で賑わい、いまは廃鉱となって人は少ないが、その選鉱場やトロッコ列車が近代化遺産として残されている。

戦争中、捕虜となり、ここで働かされた英国人の墓があった。こんな所まで、あなた方は連れてこられたのですか。

温泉へたどる道に丸山千枚田という日本屈指の棚田があった。夕陽が落ちるところを写そうと、アマチュアカメラマンがぎっしり並んでいる。みんな大阪や名古屋から車で来て、今日は私たちと同宿らしい。アマチュア写真の選考に当たる大西さんが、棚田でなく写し手たちをファインダーでのぞいているのは、なんだかほほえましかった。

おかげ参りの台所——伊勢松阪（三重）

伊勢といえば昔は勢州、とても広い。東京に住む私などは、伊勢という土地についてはなにほども知らない。知らない土地を旅するのはとても楽しい。

名古屋から近鉄で松阪に降り立った。食事に詳しい写真家の坂本真典さんの提案で、ホルモンの炭火焼きの店「一升びん」で昼を食べた。松坂牛といっても牛銀や和田金は敷居が高いから。大あたり。

前に来たときは松坂木綿の工房を訪ねたりもしたが、今回は素通り。

まず、松阪城跡へ。天正十六（一五八八）年、蒲生氏郷（がもううじさと）が築いたが、のちに紀州藩下に入った。石垣に見とれながら上っていくと、本居宣長（もとおりのりなが）記念館がある。

しき島のやまとごころを人間はば
朝日ににほふ山桜花

「もののあはれ」を主唱した十八世紀国学の大家と教わったような。が、ここの展示では、医者であった宣長が使った薬箱とか、旅日記とか、自分で考えた墓のデザインとか、人間宣長が伝わってきてじつに興味深い。墓は遺言の通り、遠くに建てられ、町中の寺に参り墓もあるという。ここにも両墓制がある。

「彼はよく鏡を見たり、自画像を描いたりしました。これは近代的自我のめばえですね」と館員の吉田悦之さんが教えてくれた。記念館の隣には本居宣長の旧宅「鈴屋（すずのや）」が移築されている。

帰り新参のサムライの維新

城の石垣から見下ろすと下に瓦屋根の大きな長屋が見える。御城番（ごじょうばん）屋敷といい、重要文化財に指定されているが、いまなお人がちゃんと住んでいる。そのお一人、浅山千代太郎さんを訪ねた。

「建物は文久三（一八六三）年、私どもの祖先が松阪の御城番武士となって以来、住んでおります。足軽長屋、下級武士の住まいなんて通りすぎる観光客がいますが、とんでもないことです」

その前にも、長い長い物語がある。浅山さんたちの祖先は、もともとは徳川家康の旗本与力、先鋒隊で横須賀党といった。その命により紀州藩に遣わされ、田辺与力と称して二百石取りとなった。しかし平和な世には働き所がない。しかも幕末の安政三（一八五六）年、紀州藩支藩田辺領主安藤家の家来となることを潔しとせず、プライドの高い彼らは願って浪人となり、傘張りや筆つくりで世をしのいだ。そして、紀州藩に復帰したいと訴え、その願いが聞き届けられて、松阪城を守る役目を仰せつけられた。

「これは帰り新参の二十騎を迎えるために紀州藩がつくった建物で、突貫工事ですから材はよくないが、一流の大工を使い、実に丈夫につくっています。しかし、文久三年というと幕末もいいとこ、五年後には幕府が瓦解、藩からの給料も出なくなる。苦楽を共にし、もともと結束が固かったので、一時金で別に土地を求め、そこを開墾・耕作して貸地貸金業も行い、明治十一（一八七八）年に苗秀社（びょうしゅうしゃ）として認可されました」

〝武士の商法〟といえば失敗の代名詞。しかし御城番武士たちは、プライドとそろばんを結びつけ、大正十五（一九二六）年には苗秀社を合資会社にし、いまも社員の合議でこの長屋を美しく守っている。「先祖自慢になりますが」と笑う浅山さんにも古武士の風格がある。共同体という夢がめずらしくもここに実現した。

そこから今日の宿、二見浦（ふたみのうら）へ急ぐ。すでに陽も落ちかけている。浜辺の松並木に沿って、すばらしい銅板唐破風の建物が見える。入ったらもっとすごかった。銘木づくしである。賓日館（ひんじつかん）といって、明治二十年、明治天皇の母堂、英照皇太后を迎えるために建てられたという。二階にはズラリと宿泊・休憩した皇族方の名が書かれている。桃山式折上天井、百二十畳もの広間もすばらしい。柱もないのに、どうやってこの広さを保てたものか。現在は県指定文化財でＮＰＯが管理しているという。

泊まったのは麻野館。こちらも見事な木造三階建て。海が広がるのがごちそう。

「私どもは明治二十五年創業、最初からある二見の六軒家の一つです。古来、二見浦は伊勢神宮へ詣でる前に体を清める〝みそぎ浜〟でした」

明治十五年、日本初の海水浴場に指定。しかも日清、日露戦争後、潮湯治と称し傷病兵たちの海水温浴場で栄えた。まさに海水の力を利用したタラソテラピーだ。

宿の夕食は伊勢海老づくし。刺身の頭の中をいじましくほじくっていたら、仲居さんが「そこはいただいていきましょ。明朝、味噌汁にしますわ」と下げていった。ちょっと恥ずかしい。

夜、かすかに潮の音がひびく。といっても眠れないほどではない。

早起きして、全国的名所、二見浦の夫婦岩を見に行く。注連縄(しめなわ)でつながっている。夫婦和合を示し、かつてはこれを拝みに新婚旅行客も多かった。波は高い。向こうから白い濡れ衣の女性たちが震えてくる。いまも〝みそぎ〟は生きているらしい。これから伊勢神宮に行くのでしょうか。

商人町のおいしいうどん

二見から二軒茶屋へ。茶店で、きな粉をまぶした、やわらかくて甘さの絶妙な二軒茶屋餅をいただきながら船を待つ。なんと勢田川を上って伊勢河崎まで行こうというのだ。昔のお伊勢参りよろしく、町衆旦那衆が木造船を再現して走らせているという。

伊勢河崎。妻入りといって、川や道に面して三角屋根のどっしりした蔵や民家が建ち並ぶ。かつては伊勢神宮のおかげ参りの客のための〝伊勢の台所〟と呼ばれ、米、味噌、醤油、紙、酒、砂糖、なんでも集まる商人町であった。

「私とこは酒問屋です。が、つぶれない前に廃業してしまいました」

という西山保史さん。ここは幕府の直轄地で、富が集積していたため、環濠と惣門で自衛し、土盛りもして水害に遭わない町をつくっていた。

「なのに昭和四十九年の七夕水害以降、国が川の拡幅改修を打ち出したんです」

水害を逆手に取って、住民のためといっては行政が河川改修やダムを計画し、公共工事で税金を使い、天下り先も用意するということがこの国では長らく行われてきた。安全安心に暮らしたいという住民の願いはねじ曲げられて、歴史的町並みが消えることになる。

昭和五十四年、住民たちは「伊勢河崎の歴史と文化を育てる会」をつくって、これに対抗した。全国から支援者も集まり、拡幅反対の論議を重ねたが、結局川は拡幅され、川面に映る商家群は消えた。しかしその運動が、現在のＮＰＯ「伊勢河崎まちづくり衆」に結実し、伊勢河崎商人館を拠点とした多彩な活動につながってゆく。

静かな美しい町並みを歩く。風雨に洗われた下見坂の美しさ、どっしりとした黒い蔵に見られる商家の誇り、むらのある瓦の風合い、しかし死んだ町ではない。ここでは町家は生きている。居酒屋、食堂、美容院、古本屋などに活用されている。その昔、角吾座という寄席があった。それにちなんで、たまには蔵の喫茶店などで河崎寄席も開いている。

小腹満たしに食べたつたやの伊勢うどんがまたうまかった。太いゆでたての麺に溜まり醬油をかけるのである。うわー、たまらない。

この町で会う人会う人、目が輝き肌がつやつや。美しいだけでなく、暮らすのが楽しそうだ。通りすがりの私も、この楽しさを分けてもらう。

伊勢、「おぬしやるな」という感じである。

舟屋のある風景——伊根（京都）

これほど不思議な風景を見たのは初めてだった。

京都は広い。丹後半島の先端にある伊根の内海。京都市内から車で二時間走って、途中、丹後宮津でうどんを食べた。着いたら郷土史家の増井新助さんがご自分で車を運転して待っていてくださった。八十代とは思えない。

伊根湾の入り口には青島という無人島があって、自然の堤防となっている。湾はいつも波静か、入り江に沿って妻入りの舟屋がびっしりと立ち並ぶ。いわば舟のガレージ。

海の高床式住居

白数(しらす)喜左ヱ門さんの舟屋を見せてもらう。

「昔は木の舟で底は尖(とが)ってますから、ウナという木の上をすべらせて海からすうっと入れた。櫓(ろ)で漕ぐ木舟は雨風で傷みますし。小屋組みだけして、屋根は草葺(くさぶ)き、外壁はなく外に縄を垂らしておいた。古い写真を見るとまるで南洋の高床式住居みたいです。中二階は魚網や漁具を収納し、わらもいっぱい入れて冬中縄やわらじを編む。わらが少なくなると、ああもうすぐ春だなあって思ったそうです」

いまは二階を海の見える座敷などに改造しているそうだ。舟も大型化し、プラスチックなので中に入れず、岩壁に繋ぎっぱなし。舟倉が単なる物置となってしまった所も多い。

〽伊根はよいとこ
後ろは山で

前で鰤とる　鯨とる

「伊根のブリは天橋立、丹後縮緬と並んで丹後三名物でした。この辺は宮津藩ですが、年貢はブリ千本だったそうです。それも漁業権である株を持ってない人は獲れない。漁場はくじで決める。ブリは九州から対馬海流にのって北海道まで行き、また戻る。うまいですよ」と増井さん。

鯨もとれたんですって？

「イワシを追いかけて潮吹きながら走ってくる。さあ入ったぞと発見者はお寺の鐘をつく、狼煙をあげる。各自持ち場を決めて、モリを打ち湾内で大捕物をやりました」

鯨一頭で七浦がうるおう。宝暦十一（一七六一）年、十四尋の鯨が揚がり、その余力で舟屋台をこしらえ、上方から歌舞伎の一座を連れてきてかがり火をたき、海上で芝居をやってみせた。化粧船四隻、なんとも贅沢、これを「海の祇園祭」といった。

「鯨は肉はもちろん皮、骨、歯一つも捨てるところがない。油もとれるし、肥料にもなる。鯨漁があったのは大正二（一九一三）年までですね」

湾に沿って番傘もすれちがえないような細い道。舟屋とは道をはさんで平入りの母屋がつづいた。こちらが住いである。車が入るようになって昭和六（一九三一）年、道を拡幅、舟屋は今の形に建て直された。

海から見ていると今の舟屋では洗濯物を干したり、日なたぼっこしたり、魚を揚げたり、まるで移動演劇のようだ。

豪快な女性杜氏と飲みくらべ

じつは泊まった民宿も舟屋。暮れていく海を見ていたら、地元向井酒蔵のお嬢さん、久仁子さんが一升瓶を引っ摑んで現れた。

湾内では一つの家に権力が集中するのを避けるために、漁業権である株を二株までしか持てない仕組みだった。そのなかで最高の十一株を持っていたのが向井家で、いまは酒造業を営む。久仁子さんは東京農大で醸造学を学び、父が伊根町長となったあと、杜氏（とうじ）をつとめて夜通し麴の世話を焼く。久仁子さんは、「弟があとを継ぐまでのつなぎです」と謙虚だ。そんな、室町時代から女は酒造りに参加している絵図もある。がんばってください。

イカやヒラメの刺身、タイの焼き物、サワラの煮物、サザエ入り茶碗蒸し、ウスバハギのとも和え、もずくなど卓に並ぶ。でも久仁子さんが選んだのはへしこ。サバを糠で漬け、薄くスライスしてネギのみじん切りを散らす。

まずは定番の「京の春」、うーん、うまい酒だ。「そうですか、これ誉められるとやっぱり一番嬉しいです。次は『益荒猛男』、これも私が名付けました。男らしい男に出会いたいと」。つよいつよい。少ししゃがれ声だが、よく通る大きな声でよくしゃべること。ガッハッハと豪快に笑うこと。こんな物怖じしない若い女性をはじめて見た。

「しこみは冬です。十月半ばに蔵を掃除して、十一月に米を蒸し、麹を加えて発酵させます。そのときは湿度管理やら、一人で徹夜。昔は杜氏さんをお願いしてたんですが、朝昼夜の食事とお酒、出すのに母が疲れてしまって」。大学を終わって帰ったばかり、醸造家から町長になった父に「おまえ頼んだぞ」と言われた。

発酵させたもろみをタンクに入れ、二階から櫂という木の棒で混ぜる。それを寝かせ、しぼる。

「三月末までは朝五時起きの体力勝負、本当に太うでになります」

最後に彼女が赤米で作った酒「伊根満開」をいただく。神様の米といわれ、目に良いアントシアニンを含む古代米を用いた赤い、少し酸味のある、彼女そっくりのさわやかなお酒だった。

ご馳走もぺろりと平らげ、空ビンをさげ、しっかりした足取りで久仁子さんは帰って行った。寝ていると波の音が聞こえる。夜中、ふと目が覚めて水を飲みに下りた。戸をあけると足元は海。干満がほとんどない湾内だからこんな家も建つのだろう。酔っていては危ない。見上げると空にこうこうと月が照っていた。

朝、土産の酒を買いに向井酒蔵へ行く。お母さんの裕美さんがエプロンを掛けて出荷に追われていた。

「あの子は強情やから。大変だと思いますが、まあ、弱音を吐かないですわ。でもいずれ嫁にいかなならんし」

えーっ、いまは女性の別の生き方があってもいいんじゃありませんか。

二日酔いのあとなどみじんも見せず、さわやかな顔で久仁子さんが現れた。

「ちょっと蔵の方、見ませんか」

海際に行くと台船が泊めてある。

「ここでビアホールをやってみたい。船で来る人にお酒を売ったり。私は伊根が好きやけど、舟屋だけというのもさみしいんです。伝統やいまある資産を守っていくだけではつまらない。若い人も楽しめる何かをつくっていかんと。新しいこと、人を驚かすこともしたいと思うし、いま密（ひそ）かに仲間を募集中です」

今度はシーカヤックに乗って湾内を廻りましょう。こんなタフで豪快で賢い女性に釣り合う男はこの国にいるのだろうか。いやいや心配することはない。きっと彼女はかつてのクジラ漁のように、伊根の湾内に追い込んで、心を射止めるだろう。

風雨から生まれた水切り瓦――室戸（高知）

高知は東西に長い。

空港から東へ東へと車を走らせると室戸市吉良川町があある。ここに漆喰壁に水切り瓦の美しい町並みがあって、ここも国の重伝建地区に選定されている。

「土佐浜街道といって、大事な商業路ですが、台風の通り道でもあってね。雨も多いので、こんな頑丈なつくりにして、壁面にじかに雨が当たらないよう水切り瓦もつけたんです」

とボランティアガイドの角田佳資さん。

機能のためにつけられたものなのに、なんと美しい。切り妻屋根、平入り、真っ白な壁に灰色の瓦が何段にも。まるでフリルのようについている。

「江戸時代はウバメガシなど木材と薪で有名でした。明治からはそれを焼いて備長炭で売り出した。もともと備中屋長左衛門という紀州田辺の人が江戸にこの炭を運んだのでそういうのですが、明治以降は土佐の専売になった。藩の山を払い下げてもらい、村の所有にして、せっせと炭を焼いたのです」

といまも炭問屋をつづける細木敏美さん。

帰りの船で大阪からレンガを運んだ。ところどころに見えるレンガ塀は大正のころにつくられた。その回航業を営んだ松本家はさすがに豪壮なものであった。広い座敷の向こうに中庭に沿ってみごとな渡り廊下がある。

「昔はこの座敷で冠婚葬祭ぜんぶいたしました。蔵からお膳やお椀をたくさん出して、結婚式の披露宴なんか一週間ぐらいぶっとおしでやったのではないかしら」と奥さま。

「そうそう、いわゆる土佐の皿鉢（さわち）料理。大皿に何でも盛りつける。娘時代、近所の手伝いにいって料理を覚えたもんです。山あり谷ありに盛らにゃいかんよと教わって」と岡加世子さん。

町を歩くとふしぎな張り紙を見つけた。

霜柱氷のはりに雪のけた
雨のたる木に露のふき草

歌らしいが、なんでしょう。これは火除けのおまじないらしい。たしかに水っぽい。吉良川町の、町のもう一つの特徴は「いしぐろ」。台風から家を守るための石垣塀だが、川の玉石の丸みがあるのや、半割り石の小口を見せているのや、防風機能即芸術である。白壁が美しい町で、黒く汚れている壁があった。なぜですか。

「あれは空襲除けにコールタールを塗ったときに」

それはしかたがないかも。町を守るさまざまな知恵がいとしく、せつない。

「今日はだるま夕日が見えるやろう」

浜に出るとまさに巨大な夕日が海に落ちるところだった。海面がお迎えにいくように赤くもりあがっていく。ほんとうにだるまさんの頭のようなかたち。

「こっちにおいで、ぬくいよ」。お日さまがあたためてくれた堤防に寄りかかり、息をのんだ。五時五十分落日。

【旅の名残】

このとき泊まった宿は表から見ると何の変哲もなく、ちょっとがっかりしたのだが、食事が出て何でこの宿を取ってくれたのかわかった。マグロづくしである。なかでもマグロの頬肉を鉄板で焼きながら食べるというのは、生涯で五本の指に入るおいしさであった。

そのときのお酒が「慎太郎」。都知事ではない。龍馬とともに殺された土佐の中岡慎太郎である。中岡は過激な攘夷論者であって、「寄らば切るぞ」といった肖像写真で知られているが、同席した女性記者は蔵元の取材に行って、若旦那に惚れて結婚したそうな。

男たちの海の道——薩摩半島（鹿児島）

旅は桜島から始まった。鹿児島の船着き場から海上をたった十五分。そこに火山岩に掩われた赤褐色の土地がある。風景がまったく変わる。夕方、港から車で十五分の古里温泉にある「ふるさと観光ホテル」に到着。一昔前の近代的なホテルで、白い着物を来て入る混浴風呂があるというので、エレベーターで降りてゆく。龍神観世音菩薩が鎮座し、鳥居や注連縄で宗教的な気分になる。海に面した露天風呂につかっていると、林芙美子『放浪記』の冒頭がうかんだ。

私は宿命的に放浪者である。
私は古里を持たない。

芙美子は古里温泉に住んでいたことがあるという。母キクはまさにこの宿の娘であった。太物商人の父母の行商に邪魔になるので、ここ母の古里に七歳まで預けられた。祖母に育てられ、山の薪拾いなどもしたという。はじめて学校に上がったのもここであった。「私は古里を持たない」というこの古里と、温泉の名とは偶然の一致なのだろうか。さきほど見た記念碑には「花のいのちは短くて、苦しきことのみ多かりき」という有名な一節が刻んであったけれど。

しんしんと、海の旅

翌日、朝九時十分の列車で指宿(いぶすき)まで南下した。子どものころ、新婚旅行のメッカと聞いた温泉地も閑散としている。椰子の並木の南国ムードだけはそのままだ。

しかしここは歴史好きにはこたえられない町なのだ。国指定史跡の橋牟礼(はしむれ)川遺跡という重要な古代遺跡がある。大正五(一九一六)年、旧制志布志中学の男子生徒が二つの土器のかけらを見つけた。そこで大正七、八年にかけて、京都帝国大学教授で青陵の号をもつ浜田耕作博士が発掘。火山灰をはさんで上から弥生式土器、下から縄文式土器が出たので、その時代順が層位学的に確定された。それまでは縄文式と弥生式は同時代の別の民族である、という考えが支配的だったという。開聞岳が何度も噴火したのでわかったことだが、その人的被害も恐ろしいものであったに違いない。貞観（じょうがん）十六（八七四）年の噴火は『日本三代実録』にも記されているが、誠に「東洋のポンペイ」といわれるとおりである。

ここには「時遊館COCCOはしむれ」という立派な博物館があった。隼人（はやと）に関する展示もある。野山を自由に駆けるハヤブサのような人びとと、京都朝廷は多少下に見て呼んだ。顔に刺青（いれずみ）をしていたともいうが、その隼人の反乱を鎮圧し、四千四百人も斬首したのが、あの優雅な万葉歌人、大伴旅人だというのは意外である。

館の学芸員中摩さんが島津の分家、今和泉島津家の墓所まで案内してくださった。いにしえの墓を訪ね、苔を掃（はら）うのは最上の喜びである。十四基の大名墓は小川石といい、黄味を帯び、緑の苔がむしてなかなか美しい。江戸の墓とちがって琉球や中国の匂いもしますね、というと中摩さんはうなずいた。

「神の依代（よりしろ）であるムクノキとか、モイドン（森殿）、モイヤマ（森山）といった森をめぐる民俗神も残っています。それにしても江戸幕府がさんざん辺境の大藩薩摩をいじめたように、薩摩は奄美や琉球に対してはずいぶんひどいことをしたものです」

鹿児島から奄美へ、さらに琉球弧へとつながる海の道がやにわに広がるような気がした。ここらの人は中央幕府など気にかけず、海の方を向いていたのではあるまいか。町に戻り、浜崎太平次の墓を訪ねて、そう思った。文化十一（一八一四）年に生まれた八代目は、藩の後ろ盾で事業を拡大し、鹿児島を根拠地に、那覇、長崎、大阪、新潟、佐渡、函館に支店を開き、巨万の富を築いたという。

町には島津家の温泉別荘の跡地もあったが、海岸べりの「砂楽」なる砂蒸し風呂に横たわり、砂をかけてもらう。ポカポカして何だか眠くなった。波の音がかすかに聞こえる。

しら波の下に熱沙の隠さるる不思議に逢えり指宿に来て

と昭和四年に与謝野晶子が詠んだような風情はない。鉄筋コンクリートの閉鎖的なビルである。しかし血液の循環をよくし、デトックス効果はあるらしい。だんだん体中の血がざわめきだし、心臓がばくばくする。こんなに温泉の恵みを受けているのだもの、いま私、地震で死んでもしょうがないなあ。

その夜、漁師の民宿丸富では、一人客の私のためにわざわざ本場の薩摩揚げをつくってくれた。これと刺身で二合分の芋焼酎を飲み、熟睡する。

指宿から枕崎まで線路はあるのだが、列車は早朝六時二十七分をのがすと、午後一時半すぎまでない。やむを得ずタクシーに乗る。これが運転手さんが物知りで大得したのだった。

「この前、ゴルフのカシオワールドがあってね、タイガー・ウッズが来ましたですよ」

まず隣町山川町へ。天然の良港で枕崎と並ぶカツオブシの町。サクラやシイの木でいぶし、カビをつけて堅くなったカツオブシを茶髪の青年たちが成形していた。

「この辺では鯉のぼりでなく、カツオのぼりを立てるとですよ」

こちらにも砂蒸し温泉があり、ずっとひなびている。しまった、こっちに入るんだった。

入り口のおばさんがしきりと温泉卵を勧める。

さらに長崎鼻で特別天然記念物ソテツの自生地を見る。篠原鳳作という人の旬碑がたっていた。

しんしんと肺碧(はいあお)きまで海の旅

この風景によく合う。開聞岳がのびやかに裾野をひく。知覧から飛び立つ特攻隊の操縦士がこの〝薩摩富士〟を振り返り、名残を惜しんだというのもわかる気がする。

「この辺も仕事少ないですわ。大根と電照菊くらい。花は霧島、煙草は国分といわれた煙草もダメになりましたね。若い者にここにいろといっても酷ですわ。一日七、八千円じゃあ、家におって親に食べさせてもらってるからやっていけてるだけで」

開聞山麓にトカラ馬を眺め、戦艦大和の沈んだ海を眺め、枕崎駅に着いたときは運転手さんと別れがたかった。

おばあさん、昔の男ばなし

坊津(ぼうのつ)行きのバスまで、まだ一時間以上ある。

「びんた料理だって、なんだろう」と駅前の料理屋「なにわ」に入る。カツオの頭を味噌で煮込んである。

「目ん玉のまわりがＤＨＡいうてね。目に良くボケ防止にもなるから、くるっとやってちゅうちゅう吸ってね」と仲居さんが盛大なのを置いていく。ＤＨＡ（ドコサヘキサエン酸）、四十代に入って老眼進行中の私はせっせと食べた。「かまの中に心臓があって、これもおいしいよ。枕崎では〝ちんこ〟というわ」だって（〝ちちこ〟という説も）。

バス停でいつも別行動の写真家の大西みつぐさんとバッタリ。「いま焼酎飲んできちゃって」と、すっかり紅顔の美少年。

「いやー、モリさん、坊津(ぼうのつ)は気に入ると思うよ」

それでも岬行きのバスは来ない。おばあさんが話しかけてきた。

「昔は坊津の港もカツオ船がはいって賑わっとったの。わたしは士族の出じゃもの。集落ほとんど士族の出じゃったに、いまはよそモンが入り込んでひどいことなったわ。戦争さえなければこんなことなかったごとある。わたしも嫁の貰い手ないから行け行け言って、ひどい男に嫁がされましたですよ。怠け者で酒飲みで」と親指を立てたのは旦那のことか。夫とは離婚の調停中、こうして町まで買物にくるのが楽しみらしい。

顔つきがあらたまった。「あなた、これでも昔、好きな人いたんですよ。大阪の三菱で働いていたときの上司でね。京大を出た、背も高くていい家の出で、やさしい人じゃったの」。どうも家柄にこだわる人らしい。言葉につまり、品のよい顔が陰った。「こんな話をするのもなんかの縁じゃろうね」とおばあさんは辺りをうかがうようにバッグからポーチを出した。ポーチから大ぶりの名刺入れを取り出し、その中からセロファンの袋を出した。その中にティッシュペーパーにくるまれて、若い背広姿の男性の写真があった。「まあ！すてき」と私は驚いてあげた。どの人にも見せているのかもしれない、と思いながら。「亡くなりました。仕事で南洋に行く途中船が爆撃されて」。おばあさんは沈んだ声で、再び写真をくるみ、同じ手続きでゆっくりとバッグにしまった。「でもねえ、わたし、これもいるんですよ」と目を上げて、今度は小指を立てた。もう、やられっぱなし、という感じ。

鑑真の六度の渡航

一時にようやくバスが来た。三十分も乗らないうち、資料館前に着く。すばらしいリアス式海岸の双剣石が窓から広がっている。館の佐藤順二さんに聞く。

「坊津は筑前博多津（はかたのつ）、伊勢安濃津（あのつ）と並んで日本三津の一つです。『坊津千軒甍（いらか）の町も出船千艘の帆に隠る』と歌われるくらい栄えました」

よどみない説明に長年、文化財保存に携わってきた重みがある。まず密貿易屋敷を見せていただいた。

「少し前までは倉浜荘という民宿をやってましたが、代々カツオの一本釣りの網元でカツブシを製造してまして、そのうち大阪、兵庫までも流通に乗り出して豪商になった。この家は一八六〇年に森吉兵衛が建て、商談に使っていたものです」

梯子（はしご）を上ると隠し屋根裏があった。

「この窓から来よる人を見とったですな。いざとなったら、ここへ逃げる」

と床の間の裏にまた隠し部屋があった。佐藤さんがいう。

「暮れる前に秋目まで行きましょう」

そこは鑑真和上の上陸地であった。仏教宣布のため唐の国から五度の渡航を試みて失敗し、六十すぎて苦労のため失明し、天平勝宝五（七五三）年、ようやく遣唐使船で坊津に上陸した。その話は井上靖『天平の甍』などで知ってはいたが、はるか海のむこうを眺めると実感がわく。帰り道には、貿易が盛んなころ、ここへ移住し、ここで死んだ大陸の人たちの「唐人墓」もあった。

「黒潮に乗れば五島列島まで五、六日、琉球は十日間、そこで給水して南方貿易はもうかったそうですよ。西へ順風を受ければ二十日で上海」

男たちの壮大な海の道だ。

「慶長の役のとき、明軍の副将の弟、茅国科という人が捕虜で来ました。それを朱印船貿易商だった島原掃部助（かもんのすけ）宗安が島津義弘の命を受けて、ここから船で上海へ、さらに北京まで送り届け、大変な歓待を受けたといいます。それから薩摩と明は年二回ずつ交易船を出すことになった。まあ、そっちの方が目的だったたんでしょうなあ」

小さな親切、大きな下心。石畳の道を歩き、今夜は寺田屋という旅館に泊まる。ここも昔の網元。大きなクロダイの塩焼きが出た。南の国と言っても二月、明け方、寒さに目がさめると、窓の向こうに漁船を抱いた入り江がしずまっていた。荘厳な風景である。


枕崎へ戻り、こんどはバスで串木野まで二時間、前に加世田（かせだ）や知覧（ちらん）に行ったのを思い出したが、通りすぎた。さらに列車に乗り継ぎ、東市来（ひがしいちき）に着く。

ここは豊臣の無謀な朝鮮出兵のあと、かの地から連れてこられた陶工が開いた里。川はないのになぜか苗代川焼という。

金などで絵を描いた白薩摩、庶民の茶碗黒薩摩がある。

十四代沈壽官さんにお目にかかることができた。いまは亡き司馬遼太郎さんの『故郷忘じがたく候』の登場人物が、たいそうお元気で優しい笑みを浮かべておられる。それだけで胸がいっぱいになる。

「懐かしい人ほど早死にですな」と、薩摩藩家老小松帯刀（たてわき）の話などされた。作品では話しておられるが、世の中が変わって、もう薩摩弁は忘れましたという。
別れぎわ、「風邪ひかんごと、なされよ」という張りのある声が心にしみた。

＊ＰＳ．二時間もお話を伺ったのに沈壽官さんの話が三行になった。それで豊かな語りは「路上のポルトレ」（羽鳥書店二〇二〇）に収録しました。

あとがき

遠い子どもの日、父と出入りの大工さんに連れられて東京湾にハゼ釣りに行った。キラキラ光る海の中で夢中になって小魚を釣った。釣った魚を家に帰り、指でさばいて内臓を出し、母が揚げてくれたハゼの天ぷらのおいしさを忘れない。

夏になると、千葉の岩井の漁師さんの離れを一週間ほど借りた。着くやいなや、水着に着替え、浮き袋を抱えて、浜に飛び出していった。トコブシの煮付け、アジの塩焼き、風に揺れるパラソル。サザエの壺焼きの匂い、花火、裸電球の夜道をかき氷を食べにいったこと、砂地の道を横ばいするカニ、寄せては返す波の音。

それが私にとっての幸せな五感の原風景であることは間違いない。昭和の三十年代はのんびりした時代だった。海で泳ぎ、体育が苦手だった私はやがて水泳の選手になって、沖を遠泳もできるようになった。大学時代は房総の冬の静かな海辺で勉強合宿をし、浜辺でビーチバレーに興じたし、ＯＬ時代は透き通る伊豆の吉佐美の海で泳いだ。

「アサヒカメラ」で連載の依頼があった時、迷わず、「島と半島の旅」を選んだ。写真家の大西みつぐさんと同じ地域を別行動で旅した。

本書はその後、由緒ある地方紙十二社から頼まれた連載や、そのほかの海の旅も入れて編まれた『海に沿うて歩く』（朝日新聞出版、二〇一〇）が元になっている。

その本を読んで、「旅の本を作りたい」といってきてくれた産業編集センターの佐々木勇志さんは、すでに三冊も本を出してくださった。コロナ流行のもと、なかなか新しい旅をすることができず、今年は絶版になって久しい二〇一〇年の本を元に、海に関する新しい連載を加え、「海恋紀行」を編んでみた。（ちなみに、各章扉の写真はⅠ「竹富島のもずくとり」、Ⅱ「佐渡のたらい船」、Ⅲ「岩手種市の昆布干し」）

二〇一〇年にはそうも思わなかったが、翌年三・一一の津波を経て、海は時に人の命を奪うということが心に刻まれた。読み返すと、日振島でも、八重山の小浜島でも、泊めていただいた民宿の女主人はご主人を海で亡くされている。

日振島で聞いた昭和二十四年六月のデラ台風では、百人を超える島人が亡くなっている。

三・一一の後、相馬、新地、亘理、岩沼、仙台荒浜、女川、雄勝、石巻、南三陸、気仙沼から宮古、釜石まで、何度も走ってみると、この美しい静かな海がどれほどの人を流したものか、信じられない気持ちがするのであった。かつて旅の途中にお世話になった方で、三・一一で家族を亡くされた方もいた。海は鎮魂の場所でもある。

もう一つ、読み返して思ったことは、私は宮本常一の後ばかり追いかけているのだなあ、ということである。佐渡でもお二人の方から、奄美大島では郷土史家の永留先生から、宮本さんの印象を聞くことができた。「あなたのようにメモや録音はしなかった」と言われたのは弱った。宮本常一は驚異の記憶力を持っていたのか、聞いた話を自分の頭で咀嚼し、発酵させ、文芸作品として紡ぎ出したのか、どちらかだろう。宮本は、島や半島の暮らしの立ち遅れを憂慮して、離島振興法の成立に一役買った。今、それが、不要な再開発や道路や擁壁事業に使われ、むしろ伝統的な島の暮らしを壊しているのを見たら、宮本さんも当惑されるであろう。

現地で取材に協力して下さった方々、お話を聞かせて下さった方々に心からお礼申し上げる。つまりこの本も私の「聞き書き」の本ともなった。

その後、その土地と強い縁ができて、七尾、竹富島などは何度も通うことになった。通い慣れた今となっては、七尾には能登空港を使い、ふるさとタクシーで行く。これも途中海沿いのすばらしい景色が見られるが、最初の頃はまだ、上野駅から夜行の「能登」「北陸」があった。夜十時まで仕事をして、上野駅に急行、ビールと水を買って、寝台車で爆睡、明け方目がさめると、列車は糸魚川、親不知あたりの海沿いを走っており、遠くに漁火が見える。それがだんだんオレンジ色の朝焼けに変わっていくのを、飽かず眺めたものだった。

旅はどんどん変わっていくが、私の海恋はこれからも止まないだろう。

二〇二一年六月十五日　森まゆみ

初出一覧

Ⅰ　海辺にて

竹富島でもずくとり――仙台平野再生ジャーナル『ＨＯＴＯＲＩ』二〇一四年夏号
海の見える家から――仙台平野再生ジャーナル『ＨＯＴＯＲＩ』二〇一四年秋号
のさり、ということば――仙台平野再生ジャーナル『ＨＯＴＯＲＩ』二〇一五年冬号
舳倉島の海女さん――仙台平野再生ジャーナル『ＨＯＴＯＲＩ』二〇一五年春号
東京湾の話――仙台平野再生ジャーナル『ＨＯＴＯＲＩ』二〇一五年夏・秋号
タイの海辺の漁師街――仙台平野再生ジャーナル『ＨＯＴＯＲＩ』二〇一六年春号
海と軍隊――仙台平野再生ジャーナル『ＨＯＴＯＲＩ』二〇一六年秋号
インド　プーリーの海辺――仙台平野再生ジャーナル『ＨＯＴＯＲＩ』二〇一七年春号
海こそ人生、南イタリア――東北再生！　みやぎ応援マガジン『ＨＯＴＯＲＩ』二〇一七年夏号
粟島馬の物語――東北再生！　みやぎ応援マガジン『ＨＯＴＯＲＩ』二〇一八年春号

Ⅱ　島にわたる

世阿弥とたらい舟（佐渡島）――「島を歩く③」『アサヒカメラ』二〇〇四年八月号
海に翻弄された小島（日振島）――「島を歩く④」『アサヒカメラ』二〇〇四年十二月号

海峡を行き来した人たち（対馬）――「島を歩く①」『アサヒカメラ』二〇〇四年二月号
桃水をめぐる旅、ふたたび（対馬）――「島を歩く①」『アサヒカメラ』二〇〇四年二月号
家族のような島（奄美大島）――「島を歩く②」『アサヒカメラ』二〇〇四年五月号
いつもどこかで雨が降る島（屋久島）――「千年の森 恵みの海」『ＳＫＹＷＡＲＤ（ＪＡＬ機内誌）』二〇〇六年四月号
心がまあるくなる島（喜界島）――『南日本新聞』二〇〇三年八月
島では水が大切だった（竹富島）――「町並みを守る人々」『別冊太陽 日本の町並みⅢ』二〇〇四年二月刊
手にビール、空に満天の星（小浜島）――「小浜島の旅」『Coralway（日本トランスオーシャン航空機内誌）』二〇〇三年新北風号

Ⅲ 海とくらす

南部もぐりと清光館哀史（種市）――『岩手日報』二〇〇三年九月
女川で台風に遭う（牡鹿半島）――「半島を歩く④」『アサヒカメラ』二〇〇三年十一月号
伝説に満ちた半島をバスで（能登半島）――「半島を歩く①」『アサヒカメラ』二〇〇三年二月号
白浜から串本へ（紀伊半島）――「半島を歩く③」『アサヒカメラ』二〇〇三年八月号
おかげ参りの台所（伊勢松阪）――「美しい町並みを訪ねて」『婦人公論』二〇〇五年四月二十二日号
舟屋のある風景（伊根）――『京都新聞』二〇〇三年十月
風雨から生まれた水切り瓦（室戸）――『高知新聞』二〇〇四年三月
男たちの海の道（薩摩半島）――「半島を歩く②」『アサヒカメラ』二〇〇三年五月号